EMPREENDEDORISMO
Decolando para o futuro

Glauco Cavalcanti
e Márcia Tolotti

EMPREENDEDORISMO
Decolando para o futuro

As lições do voo livre aplicadas ao mundo corporativo

4ª tiragem

© 2012, Elsevier Editora Ltda.

Todos os direitos reservados e protegidos pela Lei nº 9.610, de 19/02/1998.

Nenhuma parte deste livro, sem autorização prévia por escrito da editora, poderá ser reproduzida ou transmitida sejam quais forem os meios empregados: eletrônicos, mecânicos, fotográficos, gravação ou quaisquer outros.

Edição Exclusiva Sociedade Beneficência Humboldt – Colégio Cruzeiro, não disponível para venda.

Copidesque: Shirley Lima da Silva Braz
Revisão: Mariflor Brenlla Rial Rocha e Edna Rocha
Editoração Eletrônica: Estúdio Castellani

Elsevier Editora Ltda.
Conhecimento sem Fronteiras
Rua Sete de Setembro, 111 – 16º andar
20050-006 – Centro – Rio de Janeiro – RJ – Brasil

Rua Quintana, 753 – 8º andar
04569-011 – Brooklin – São Paulo – SP – Brasil

Serviço de Atendimento ao Cliente
0800-0265340
sac@elsevier.com.br

ISBN 978-85-352-5213-2

Nota: Muito zelo e técnica foram empregados na edição desta obra. No entanto, podem ocorrer erros de digitação, impressão ou dúvida conceitual. Em qualquer das hipóteses, solicitamos a comunicação ao nosso Serviço de Atendimento ao Cliente, para que possamos esclarecer ou encaminhar a questão.

Nem a editora nem o autor assumem qualquer responsabilidade por eventuais danos ou perdas a pessoas ou bens, originados do uso desta publicação.

CIP-Brasil. Catalogação na fonte
Sindicato Nacional dos Editores de Livros, RJ

T596e	Tolotti, Marcia, 1964- Empreendedorismo: decolando para o futuro/Marcia Tolotti, Glauco Cavalcanti. – Rio de Janeiro: Elsevier: SEBRAE, 2011 – 4ª reimpressão. 21 cm
	Inclui bibliografia ISBN 978-85-352-5213-2
	1. Empreendedorismo. 2. Voo livre. I. Cavalcanti, Glauco. II. SEBRAE/RJ. III. Título.

11-5606.		CDD: 658.42 CDU: 005.411

Dedico este livro à minha filha Isabella Freixinho Cavalcanti. Que minhas palavras inspirem esta jovem empreendedora a buscar muitas térmicas na vida. Voe alto e voe longe minha filha, sempre estarei ao seu lado.

Glauco Cavalcanti

Dedico este livro às pessoas que tornam possível meus voos: Felipe, meu filho, com quem aprendo a cada dia sobre superação e determinação; Beto, meu marido, a quem amo profundamente; Téo, pela tranquilidade; meus pais e sogros e meus irmãos que são meus melhores amigos; cunhadas(os), sobrinhos e afilhados que transformam a nossa família na melhor "ninhada" do mundo; e meus amigos e amigas que são um verdadeiro Cone de Segurança, em especial Rosa, Vivi, Adri, Clau e Aninha.

Márcia Tolotti

Agradecimentos

E ste livro é a materialização de um sonho, um projeto que começou faz 10 anos e batizei "Decolando para o Futuro". Começou como uma palestra corporativa e hoje se transformou em aula inaugural na Fundação Getulio Vargas e agora no livro que está em suas mãos escrito em parceria com Marcia Tolotti. *Empreendedorismo: decolando para o futuro* é fruto de muito estudo, pesquisa e constatação empírica da natureza e seus fenômenos. Para isso tive de me ausentar diversas vezes para dedicar horas pendurado em uma asa-delta voando longas distâncias em terras inóspitas. Fora o tempo dedicado à leitura e busca de referencial teórico que pudesse dar base a esta ousada analogia entre o voo livre e o mundo corporativo.

Se não fosse o apoio de minha família, este livro jamais sairia da minha mente e continuaria vagando nas nuvens do meu cérebro. Por isso quero agradecer a Eduarda, minha esposa amantíssima, por me apoiar e suportar sempre. A pequena Isabella por me receber de braços abertos todas as vezes que seu pai retornava das inúmeras viagens. Vera, minha mãe, pelo seu amor incondicional, proporcionando um ambiente abundante de amor dentro do nosso lar. Bianor, meu pai, pelas diversas conversas acadêmicas que contribuíram na construção desta metáfora. Diogo, meu irmão, pelas palavras de apoio e equilíbrio emocional em momentos difíceis. Minha avó, Alda, por ser um exemplo de superação.

Agradeço também a Marcia Tolotti por aceitar o desafio de decolar de corpo e alma neste projeto, inclusive superando o medo e realizando um salto duplo de asa-delta comigo na belíssima cidade do Rio de Janeiro. Ao amigo e piloto Nader Couri agradeço pelas imagens que são fruto da sua paixão pelo voo de asa-delta sobre a estátua do Cristo Redentor. Ao meu mestre Fabio "Sábio" Nunes, aquele que me ensinou a navegar nas linhas de nuvens e tanto auxiliou na construção desta analogia. Ao Professor Paulo Figueiredo, meu orientador de mestrado por fornecer sólida base acadêmica que possibilitou tal empreitada. À Fundação Getulio Vargas, uma instituição que serviu de plataforma para tantas decolagens empreendedoras nos últimos anos.

Glauco Cavalcanti

Agradeço aos meus clientes, parceiros de trabalho, pacientes e leitores, para quem todo meu esforço profissional é direcionado.

Agradeço especialmente a Glauco Cavalcanti: "Quando assisti à maravilhosa aula desse professor competente, piloto arrojado e ser humano entusiasmado, não imaginei que voaria tão longe. Glauco, fica meu eterno agradecimento pelo privilégio de ter construído contigo este belo livro e pela oportunidade de decolar para o futuro."

Márcia Tolotti

Agradecemos a Caroline Rothmuller e toda equipe da Campus/Elsevier, pela competência e apoio. Por fim, agradecemos a Deus por dividir o céu em tantos voos das nossas vidas.

Obrigado senhor!

Glauco Cavalcanti e Márcia Tolotti

Os autores

Glauco Cavalcanti, MD

Eleito em 2010 o melhor professor de negociação do FGV Management e Top 16 no ranking nacional, Glauco Cavalcanti é coordenador do PMBA em Negociação da FGV. Mestre em Gestão Empresarial pela FGV, pós-graduado no MBA em Marketing pela FGV e graduado em Administração de Empresas pela PUC-Rio. Possui curso de especialização na Harvard Law School. Piloto avançado de asa-delta, com 16 anos de experiência. Especialista em voos de longa distância. Terceiro lugar no ranking brasileiro XC 2009 e segundo lugar no XCeará 2008. Faz parte de um seleto time de pilotos que já percorreu a distância de 300 quilômetros em voo planado de asa-delta. No Brasil, apenas 12 pilotos voaram acima dessa marca. Glauco Cavalcanti é um deles.

Marcia Tolotti

Coordenou e implementou os primeiros programas de educação financeira *in company* do Brasil. Pós-graduada no MBA em Marketing pela FGV, psicanalista pelo CEL e EEP (vinculada à Associação Lacaniana Internacional – ALI), graduada em Psicologia pela UCS, mestre em Letras e Cultura pela UCS. Atende em sua clínica desde 1993, criou o Método STOP direcionado a lidar com escolhas financeiras, é sócia-diretora da MODDO Conhecimento Estratégico, professora em MBAs, palestrante, colunista e escritora com diversas obras publicadas, entre elas: *As armadilhas do consumo* (Campus/Elsevier); *O desafio da independência financeira e afetiva* (Editora Belas Letras); *Passageiros do outono: reflexões sobre a velhice* (Ed. do Maneco).

Prefácio

Nosso Brasil, por diversos ângulos, é um país fascinante. Com dimensões continentais, extrema e admirada diversidade, disponibilidade em recursos naturais reconhecida, além de uma quantidade de outros atributos. Não há dúvida de que nosso país é viável e, situado em posição geográfica privilegiada, com um povo capaz – via métodos e processos educacionais mais eficientes –, está em posição de produzir diferenças. Insistindo nesse último aspecto, com uma população educada e treinada, contando com regras e regulamentos apropriados, certamente poderia produzir o impensável.

Glauco Cavalcanti e Márcia Tolotti tiveram uma boa ideia ao criar uma metáfora sobre o voo. Ambos sentiram falta de iniciativas de cidadãos que poderiam ter empreendido, criado empresas, produtos e serviços, gerando riquezas que hoje beneficiariam toda a sociedade brasileira. Partindo da mágica e da atração do voo, elaboram ideias e considerações sobre o tema ligado ao crescimento econômico e ao desenvolvimento como condições fundamentais, no mundo global e competitivo no qual já vivemos neste século XXI. O foco está nos empreendedores, entendendo-os como fundamentais para, sob fatores estimulantes que a comunidade pode oferecer, produzir ações que levam a nação ao sucesso.

O livro procura mostrar caminhos, não fugindo das comparações com o voo, que, como qualquer outra atividade, é uma opção de risco, embora não tão grande, como muitos acreditam. Voar é um exercício de liberdade que, com velocidade, muda rapidamente as paisagens. O mesmo acontece na condução de um negócio. **Como tudo começa?** Esta é a pergunta de todos, cujas respostas não são diretas nem fáceis. Governos sucessivos, pensadores, associações de classe, cidadãos etc. se debruçam sobre a questão, buscando fios de meadas.

Os autores acreditam que o início está no sonho, sempre presente em cada pessoa, em cada equipe de trabalho. Sim, pois tudo parece vir do momento mágico, que, a qualquer instante, pode atingir a cada um, num instante ou num lampejo. A geração de uma ideia, sucedida de vontade, esforços e persistência, leva a grandes empreendimentos, e mesmo a pequenos, mas todos iniciados na cabeça de um cidadão comum. Carregando progresso e desenvolvimento, as ideias e iniciativas mostram os sucessos que levam ao crescimento dos negócios, algo nada fácil em nosso país, mas possível. Com coragem, o empreendedor explora elementos críticos e avança, distanciando-se daqueles que o cercavam. Não para diante dos críticos. Avança e dificilmente pode ser alcançado.

Assim, tudo acontece, em particular, na apresentação de um novo produto, o que gera uma quantidade de expectativas. Afinal, muitos anos são consumidos em atividades, entre as mais variadas, de projetos, cálculos e testes. Há sempre uma atmosfera de compromisso, envolvendo técnicos e especialistas nas diferentes especialidades, todos conscientes das inúmeras variáveis que podem afetar uma primeira tentativa. Ao final, é comum a emoção de ter construído e feito algo.

No longo, difícil e extenuante caminho, também partindo de voos, foi que nasceu a ideia de nosso primeiro avião, um bom ponto de partida para a criação da EMBRAER. Nasci em Bauru, no quase centro geográfico do Estado de São Paulo. Nossa cidade, embora bem menor do que a de hoje, já era um centro aeronáutico diferenciado e atraía muitos jovens para as diferentes atividades de aeromodelismo, escola de planadores e de pilotagem de aviões, quase todos de fabricação americana.

Foi nessa época que me liguei a um bom amigo. Era conhecido como Zico. Ele e eu nos frustrávamos e não compreendíamos por que o Brasil, sendo pátria do grande Alberto Santos Dumont, o primeiro a voar com um avião mais pesado que o ar, não havia seguido em frente. Nosso país deixou espaços para os Estados Unidos ocuparem os mercados mundiais com seus produtos aeronáuticos.

Não havia escolas que formassem engenheiros aeronáuticos por aqui. Mais tarde, com a criação do ITA (Instituto Tecnológico de Aeronáutica) pela Força Aérea Brasileira, tudo mudou de figura. Os graduados pelo ITA funcionaram como sementes, como previam os criativos fundadores da nossa primeira escola a graduar engenheiros especializados em aviões e seus equipamentos.

Como os autores afirmam várias vezes ao longo do livro, a comunidade faz diferença quando cria uma infraestrutura que facilita a vida e reduz os riscos dos empreendedores. Foi assim que nasceu a EMBRAER, uma empresa que, em seus primeiros 40 anos, produz aviões no Brasil que voam em mais de 90 países de todos os continentes.

Não irei mais longe. Não quero quebrar o entusiasmo e a curiosidade do leitor para, caminhando nas páginas deste livro, perceber, ele próprio, quantas semelhanças e comparações úteis podem surgir de uma corrida na pista por um avião alçando voo e os esforços para partir com sua empresa produtora de bens ou de serviços.

Comece sua leitura e encontre nas linhas do empreendimento a alegria de um voo e, ao mesmo tempo, a satisfação de imaginar uma nova atividade econômica que, ao longo de sua vida, seja a expressão de uma jornada pelos ares, no meio de nuvens, mas sempre vendo a bela Terra sob seus olhos.

Desejo a todos uma boa leitura!

Ozires Silva
Fundador da EMBRAER
Julho de 2011

Sumário

Os autores   xi
Prefácio   xiii

Introdução   1

CAPÍTULO 1
Momento de Realização, a Decolagem   5
1.1 A atitude, o desapego e a "hora da verdade"   5
    1.1.1 A dificuldade do desapego   8
    1.1.2 A incerteza e o *despegar*   10
1.2 Processo decisório   11
    1.2.1 A arte de observar atentamente   14
    1.2.2 O decisivo momento do sim ou do não   17
    1.2.3 Apagando incêndios: alguns critérios da tomada de decisão emergencial   19
        • A segurança   20
        • A rapidez   21
        • A eliminação   23
    1.2.4 Prática do não erro   23
    1.2.5 Tudo ou nada: quando uma decisão pode ser fatal?   24
    1.2.6 As armadilhas nas decisões   26
        • Os 10 erros mais comuns dos atletas corporativos   27
        • Pontos comuns das armadilhas   29
        • *Hindsight* ou "síndrome do eu já sabia"   30
        • A necessidade de reconhecimento   31
        • A "maldição do conhecimento"   33
        • Os limites do conhecimento   34
        • A dificuldade em dizer "não"   35

1.2.7 A racionalidade nas decisões 39
- Uma metodologia racional 39
- Heurística do julgamento: uma simplificação perigosa 40
- Excesso de confiança: o viés racional 42
- Excesso de confiança: o viés emocional 43
- Equilíbrio: uma questão de tempo 45

CAPÍTULO 2
Oportunidades: Térmicas 47
2.1 Oportunidades invisíveis 47
   2.1.1 Formato da térmica 50
     - Um gatilho térmico 51
   2.1.2 Ciclo térmico 54
     - O ciclo térmico e o mercado financeiro 56
   2.1.3 Razão de subida 58
   2.1.4 Escalar uma térmica 59
     - A arte do desafio interno 60
     - O desejo 62
     - Por que a escalada não acontece? 63
2.2 Identificar uma térmica 64
     - A percepção de uma térmica 66
     - Os filtros da percepção 67
     - Reconhecer a térmica do futuro 68
2.3 Abandonar uma térmica 69
     - O medo da mudança 71
     - A insegurança de fazer uma tirada 72
     - A interpretação do medo 74
     - Arruinados pelo êxito 77
     - Comprometidos com o sucesso 80

CAPÍTULO 3
Passado × Presente × Futuro: Linha de Nuvens 83
3.1 Linha de nuvens 84
     - Na estrada das nuvens, o tempo futuro é dinheiro? 90
3.2 Voando em tempos de crise 91
     - Crise ou risco? 94
3.3 A força das escolhas 95
   3.3.1 Prematuridade ou posterioridade nas escolhas 96
3.4 O atleta corporativo motivado 97

CAPÍTULO 4
Gerenciando os Riscos 99
4.1 O risco de cada um 100
4.2 Os níveis de risco 102
   4.2.1 Nível aceitável *versus* Nível percebido 104
   4.2.2 "Viciados" em risco 106
4.3 Os tipos de risco 108
   4.3.1 Risco social 109
   4.3.2 Risco ético 109
   4.3.3 Risco físico: um preço caro 110
   4.3.4 Risco financeiro 112
      • Mercado, um lugar de risco? 113
      • Erros *versus* Estratégias nos investimentos 114

CAPÍTULO 5
Pouso: Atingindo Resultados 123
5.1 Supervalorizando o "Ego" 124
5.2 A hora de desistir e pousar 126
   5.2.1 Escalada irracional do pensamento humano 127
   5.2.2 Cone de segurança 129
5.3 Obstáculos do pouso 130
5.4 Modelos mentais 133

CAPÍTULO 6
Desenvolvendo as Competências Dinâmicas 137

CONCLUSÃO
Decolando para o futuro 145

Referências 149

Introdução

Leonardo da Vinci dizia: "Uma vez que você voa, passará o resto da vida com os olhos voltados para o céu, pois um dia lá esteve e para lá sempre voltará." Ele tinha razão, porque, uma vez que a pessoa sente o gosto da liberdade de voar, nunca esquecerá aquele sentimento único e mágico. O lançamento de um produto, a abertura de uma nova empresa e o surgimento de um projeto relevante dentro de sua empresa são momentos especiais. Você sente que vai decolar. O futuro do projeto está em suas mãos, por isso a importância de lidar com as incertezas do mercado, os ventos laterais, as mudanças repentinas e a gestão do risco.

O livro *Empreendedorismo: decolando para o futuro* apresenta uma oportunidade para os atletas corporativos, ou seja, para todos aqueles que fazem acontecer no mundo corporativo e que buscam sair da zona de conforto, que têm o desejo de realização, que são empreendedores e que decidem transformar a vida profissional num longo e aprazível voo. Comparar as decisões, dificuldades e oportunidades enfrentadas no mundo corporativo com o voo livre é o diferencial do livro, justamente porque oferece um suporte teórico e prático ao mundo dos negócios. Escrito por um piloto de asa-delta especialista em voos de longa distância, com experiência profissional no mundo corporativo e eleito professor Top 16 no FGV Management e, por uma psicanalista, especialista em

2 Empreendedorismo: decolando para o futuro

tomada de decisão financeira e microempresária, esta obra oferece reflexão nos campos profissional e pessoal.

O trabalho que você tem em mãos é fruto de muita pesquisa, estudo e constatação empírica – e parte foi escrita no ar, parte escrita em terra. Trata-se de uma dobradinha entre um cientista do ar e uma especialista na psique humana, portanto este livro fala além das nuvens, dos pássaros, das montanhas e do ar. Discorre sobre o medo, a ansiedade e os modelos mentais que muitas vezes sabotam nosso sucesso.

Durante todo o tempo de construção deste livro, tanto precisávamos decolar para o futuro quanto deparávamos com a questão do equilíbrio entre nossos afazeres profissionais, a convivência familiar, os problemas do dia a dia e a conclusão de nossa escrita. O mesmo ocorre com um atleta corporativo que foi assim batizado por ser um empreendedor, em seu próprio negócio ou em alguma empresa. Não é no cargo, mas na atitude que reconhecemos e praticamos o empreendedorismo. Assim, ao longo deste livro, você encontrará expressões que utilizamos como sinônimos – atleta corporativo, intraempreendedor, executivo e empresário – para retratar milhões de pessoas que abrem mão da zona de conforto, que superam bloqueios, correm riscos e pagam o preço da desacomodação, e, assim, constroem não só empresas, mas também vidas melhores. Compartilhamos o otimismo. Mas não temos aquela natureza de otimistas ingênuos que se lançam de forma impulsiva no mercado. Fazemos parte daquela categoria dos otimistas realistas que compreendem os riscos, sem perder de vista o maior aliado: o equilíbrio.

O exercício do equilíbrio requer vigilância e disciplina, mas traz como recompensa a liberdade. Liberdade para tomar decisões, abrir novos negócios, aceitar novos desafios, sobretudo empreender. Tenha você também uma atitude empreendedora e voe conosco nas páginas a seguir. O livro foi dividido em seis capítulos que o levam a voar nesta deliciosa analogia. O Capítulo 1 direciona o leitor ao momento da decolagem, ou à hora da verdade, como os pilotos chamam. Aquele momento que o empreendedor deve praticar o desapego, sair de sua zona de conforto e se lançar no mercado. Decolar exige desapego, e toda decolagem é o momento em que o planejamento será confrontado com a realidade. Daí a importância de desenvolver o que chamamos de "atitude empreendedora".

As térmicas ou oportunidades invisíveis são tema do Capítulo 2, que traz um modelo de análise baseado nos fenômenos da natureza. Uma forma inovadora de pensar as oportunidades de mercado. Trataremos de identificação, escalada e abandono da térmica.

No Capítulo 3, exploramos o cenário presente *versus* o cenário futuro. Uma forma estimulante de pensar em navegação e em condução de negócios ou carreiras. Esse capítulo aborda as mudanças e os movimentos dos mercados dinâmicos.

O Capítulo 4 é um convite à compreensão sobre as nuances nebulosas do risco e de tudo que envolve as decisões perigosas, os riscos desnecessários e os aspectos emocional e psíquico que comandam as escolhas, ainda que não percebamos isso. Os pilotos de competição, assim como os atletas corporativos, estão, a todo instante, lidando com os riscos inerentes às suas atividades. Nesse sentido, a leitura desse capítulo poderá representar uma mudança significativa em seus modelos mentais que regem a gestão de risco.

Como dizia Ozires Silva, "o pouso, para um empreendedor, não significa o fim da jornada; é apenas o momento em que uma etapa da viagem é concluída − e que revela a necessidade de estarmos sempre prontos para novas decolagens". Dessa forma, o Capítulo 5 trata do pouso e da conquista das metas estabelecidas.

4 Empreendedorismo: decolando para o futuro

Por fim, o Capítulo 6 traz ao leitor uma forma interessante de pensar na construção das competências básicas, complementares e exclusivas; trata-se de uma abordagem estratégica contemporânea conhecida como "competências dinâmicas". *Empreendedorismo* é um livro que motiva o leitor a voar mais alto e mais longe. É um convite ao empreendedorismo, à vontade de vencer e superar os obstáculos impostos pela vida. Voar significa desapego, sair do porto seguro e se lançar no desconhecido. O hangar pode ser um lugar seguro, mas não foi para isso que os aviões foram construídos. Prepare-se. Nas próximas páginas, você estará *decolando para o futuro.*

CAPÍTULO 1

Momento de Realização, a Decolagem

Ninguém lhe diz a hora de decolar; você simplesmente sente.

1.1 A ATITUDE, O DESAPEGO E A "HORA DA VERDADE"

À medida que caminhava para a rampa com a asa nas costas, sentia meu coração batendo acelerado. Sabia que estava preparado para superar aquele desafio — afinal, havia treinado diversas decolagens durante meu curso. Mas aquele seria meu primeiro voo da Pedra Bonita, uma montanha de 525 metros localizada na cidade do Rio de Janeiro. Era meu primeiro voo livre sozinho e teria de decidir a hora de decolar.

Decolar é um dos momentos mais difíceis na vida de um empreendedor, pois terá de abandonar o porto seguro para alcançar seus objetivos em terras distantes. A transição da terra para o ar envolve uma grande dose de desapego e coragem. No solo, estamos firmes e seguros. Quando nos lançamos no ar, navegamos em um mar de incertezas em que ventos, correntes e montanhas passam a ser oportunidades e ameaças. Um ambiente dinâmico

6 Empreendedorismo: decolando para o futuro

e mutante que pode sofrer profundas transformações em pouco tempo. Na hora da decolagem, muitos questionamentos surgem na mente do atleta corporativo.[1] Será que estou pronto para lançar este produto? Será que o mercado está favorável? Será que deveríamos fazer mais pesquisa? E outros empresários pensam: será que abro esta empresa agora ou espero mais alguns anos? Compro aquele imóvel? Fecho negócio? Decolo agora? Decolar significa aceitar sua natureza empreendedora, disposta a voar alto e longe. Nesse sentido, é importante gerenciar o estresse e controlar o medo que sempre estará dentro de nós. O medo poderá congelá-lo e se fazer presente como uma sombra que acompanha seus passos. Mas, às vezes, servirá como um amigo que aconselha a não seguir o caminho perigoso e evita que assumamos riscos desnecessários. O medo, quando controlado, ajuda; em excesso, atrapalha; e sua ausência completa conduz à morte. Os empresários destemidos tendem a "matar" suas empresas, assim como vemos diversos pilotos de competição que perderam a vida por não distinguirem a linha tênue que existe entre a audácia saudável e a arrogância fatal. Quando os ventos estão fortes, há uma iminência de tempestade e, se os outros pilotos experientes optaram por não decolar, talvez seja o caso de reavaliar a decisão.

Uma decolagem bem-sucedida é fruto de preparação técnica e psicológica que antecede o momento de se lançar da rampa. Pilotos profissionais fazem plano de voo, checam os equipamentos, investem algumas horas na arte de observar atentamente e estão fisicamente preparados para se lançar da rampa. Uma mente segura gera uma decolagem segura. Se, na hora você ficar em dúvida sobre seu equipamento, a condição ou o planejamento, isso afetará significativamente sua atitude na rampa.

---

[1] Atleta corporativo é o empreendedor ou intraempreendedor.

Importante notar que a decolagem é a *hora da verdade*. O momento que o empreendedor vai colocar em prática todo o seu planejamento. É a hora de superar os medos, as inseguranças e acreditar em sua capacidade. Portanto, nessa hora, o piloto deve ter a atitude de acelerar, jamais o inverso. Se você julgou que é a hora, então acredite, corra e tenha uma atitude empreendedora. No voo, assim como no mundo corporativo, vemos pessoas que se lançam sem vontade. Dizem que querem, mas a atitude não condiz com seu discurso. Uma asa com pouca velocidade não decola e cai nas árvores. Empresas que decolam sem energia *arborizam*.[2]

Da mesma forma, o lançamento de um produto, o nascimento de uma empresa ou o surgimento de um novo projeto são momentos críticos. Na hora do lançamento, toda energia deve ser canalizada para que o empreendimento *entre em voo*. Sem dúvida, a decolagem, assim como o pouso, são momentos críticos na aviação, pelo simples motivo de a aeronave estar próxima ao chão. Com baixa altura, qualquer erro pode ser fatal e, à medida que a aeronave fica mais alta, menor a chance de colisão. Quando estudamos as estatísticas do Sebrae,[3] percebemos grande quantidade de empresas que *arborizam* seja no setor do comércio, da indústria ou de serviços. Embora haja uma oscilação dependendo da região, do setor e do tempo de existência, abrir as portas de um negócio sem as três competências básicas: habilidade gerencial, capacidade empreendedora e logística operacional é o mesmo que um novato pegar uma asa–delta, subir na rampa e querer decolar. Faz sentido que o índice de mortalidade seja elevado quando enxergamos por esse prisma.

---

[2] Segundo o dicionário, arborizar significa plantar árvores. Metaforicamente, no voo livre, o termo é utilizado quando um piloto cai nas árvores.
[3] SEBRAE. Fatores Condicionantes e Taxas de Mortalidade de Empresas no Brasil. Relatório de pesquisa. Brasília, 2004.

8 Empreendedorismo: decolando para o futuro

Outro erro comum cometido se refere à mente dispersa do piloto, que, muitas vezes, fica presa ao passado ou voando no futuro. A decolagem exige que a mente esteja focada no presente. O que importa é aquele momento único em que homem, asa e natureza falam a mesma língua. Com o passar do tempo e quanto mais experiente for o atleta corporativo, esse processo torna-se mais intuitivo.[4] O empreendedor adquire sensibilidade e aprende a ler os sinais da natureza dos mercados. Apesar de existir o lado racional envolvido no momento da decolagem, ninguém diz quando decolar; o atleta corporativo simplesmente sente que é chegada a hora. E decola com firmeza, segurança e decisão.

1.1.1 A dificuldade do desapego

Sabemos que uma fruta se desprende da árvore quando está madura. Enquanto estiver imatura, ficará presa, agarrada e imóvel. Desapego envolve maturidade. Quando chega a hora, é importante desapegar-se da segurança e se lançar no ar; só assim o ser humano cresce e se desenvolve, aprendendo a decolar. Não é fácil fazer esse movimento porque, ao se lançar no ar, o fruto pode ser machucado e muitas coisas podem acontecer. Mas trata-se de um salto de fé porque não sabemos qual será o futuro. O "fruto não sabe" que vai cair no solo e que, de suas sementes, brotará uma linda árvore frondosa, que os pássaros brincarão em seus galhos e que as crianças ficarão ao seu redor aproveitando sua sombra. Quando uma pessoa está madura, se desapega, se solta e se lança no ar. Da mesma forma, para ingressar em um novo mercado, para superar bloqueios ou conquistar

---

[4] Intuitivo é utilizado aqui como a capacidade de discernir e perceber coisas, utilizando experiências passadas, sem necessariamente ter consciência sobre todo o processo.

sucesso, é fundamental construir e alimentar uma atitude proativa e otimista. Para tanto, o desprendimento de uma situação cômoda, estável ou limitante é inevitável. Muitas pessoas levam a vida queixando-se de espaços e conquistas limitadas, mas, diante das oportunidades de romperem com essas barreiras, geralmente não conseguem ultrapassar o limite. A questão que intriga é: por que isso acontece? Porque a comodidade é inerente ao ser humano e a zona de conforto, ainda que seja incapacitante, parece ser menos penosa do que enfrentar uma mudança sem saber exatamente quais serão as consequências. Portanto, exercitar o constante desapego de situações estáveis é a ferramenta que um atleta corporativo precisa adquirir.

Racionalmente, todos sabem disso, mas a prática se esconde nos refúgios temerosos da mente e se traveste de falta de tempo, indisposição, poucas condições ou tantas outras desculpas que criamos para nós mesmos e para os outros. Encontramos, repetidas vezes, no milenar livro oriental *I Ching*, a passagem "a persistência no rumo certo traz recompensas", demonstrando a força do esforço. Como nem todos possuem talentos inatos, o esforço constante rumo à aquisição de uma habilidade é uma forma de compensar as deficiências. Porém, o primeiro e mais importante passo é romper com a ilusão de que "não será possível", aquilo que podemos chamar de mito individual do sujeito, ou seja, as crenças conscientes ou inconscientes que sabotam o crescimento de um indivíduo nos aspectos psíquico e emocional. Por mais contraditório que possa parecer, evoluir é encarado por milhões de pessoas como algo impossível, difícil e assustador. Voltamos ao medo.

O medo interage com o sistema perceptivo e muda o que a pessoa vê, ou aquilo que acha que está vendo. Não é regra geral que o medo paralisa; em muitos casos, ele pode influenciar a pessoa na direção errada, gerando resultados catastróficos. Entretanto, não significa que, quando todos estão vendo

10   Empreendedorismo: decolando para o futuro

algo, estejam necessariamente corretos. Podemos constatar isso no livro *Ensaio sobre a cegueira*, de José Saramago, ou através das grandes manifestações irracionais das massas em estádios de futebol, ou ainda no *efeito manada*, antigo conhecido entre os investidores do mercado de capitais. O autor Gustave Le Bon esclarece as razões pelas quais nos tornamos irracionais – em maior ou menor grau – quando estamos em "bando": o contágio e a imitação prevalecem sobre a racionalidade.

De acordo com o neurocientista Gregory Berns, isso se explica em função da conformidade com que os seres humanos são acometidos, justamente no momento da tomada de decisão. Há uma espécie de rendição à maioria – daí o *efeito manada* –, mesmo que o indivíduo discorde internamente da escolha dos outros. Por exemplo, se a maioria acredita que saltar de asa-delta é extremamente perigoso, o fato se torna verdadeiro? Se todos acreditam que fazer um concurso público é a forma mais segura, estável e prazerosa de viver, estarão certos? Então, voar, ser um empreendedor ou um profissional liberal é muito arriscado? Pode ser, se corrermos riscos desnecessários, mas preparação e planejamento fazem parte da vida daqueles que obtêm êxito em qualquer cenário em que atuam.

1.1.2 A incerteza e o *despegar*

Despegar significa, em português, desgarrar ou desligar, porém um aspecto interessante está no fato de que despegar é sinônimo de decolar. Para que haja uma decolagem, é inevitável haver um desgarramento, ou seja, é necessário abrir mão de uma condição para chegar a outra. Ninguém se transforma sem sacrifício. No voo, temos de sacrificar a segurança do chão para ganharmos o céu. O problema é que todo desapego acarreta certa dose de incerteza e risco.

Incerteza é a situação em que, partindo-se de determinado conjunto de ações, chega-se a vários resultados possíveis. Os resultados são conhecidos, mas não a probabilidade de ocorrerem – e, quando as probabilidades são conhecidas, falamos em risco. Embora a incerteza seja um fato inquestionável tanto na vida profissional quanto no âmbito pessoal, não conseguimos aceitar isso e trabalhamos vigorosamente no sentido de a eliminarmos. Obviamente, falhamos nesse intento e somos inconsistentes na abordagem do risco. Muito mais prudente e inteligente seria nos concentrarmos na avaliação do risco, e não na vã tentativa de sua eliminação. Mas por que simplesmente não conseguimos fazer isso? Porque nossa mente é inundada por emoções e conflitos, portanto temos dificuldade de aceitar nossos limites tanto de conhecimento quanto de tempo. Vivemos a urgência do agora e a ilusão de controle, mesmo diante das incertezas. Dessa forma, a percepção de risco, em geral, é equivocada e, para gerenciar os efeitos nocivos, é necessário desenvolver uma forma sistemática de avaliar a incerteza – e o risco – e um modo de lidar emocionalmente nesse cenário.

Todas as escolhas acarretam efeitos positivos ou negativos e nunca teremos certeza absoluta de qual será o resultado, mas certamente podemos minimizar os riscos. O que diferencia um atleta de outro em relação à segurança é a qualidade de suas decisões. As técnicas e os atributos do equipamento elevam as condições de segurança, mas a habilidade e a sensatez do atleta em ficar dentro dos limites de segurança são uma opção, portanto vamos entender um pouco mais sobre os aspectos do processo decisório.

1.2 PROCESSO DECISÓRIO

Uma das citações mais interessantes do pesquisador e escritor Michael Useem é: "Cada decisão deve ser acompanhada de

12 Empreendedorismo: decolando para o futuro

ferramentas, de passos táticos que transformam ideias em ação."
No voo de asa-delta, é possível comprovar, literalmente, essa transformação, ou seja, passos largos e rápidos dados na rampa de decolagem podem tornar-se a realização de um sonho, a superação de si mesmo ou a concretização de um planejamento. Mas, antes de estar ali, correndo na rampa com o coração acelerado, lançando-se no ar e tendo o privilégio de experimentar sensações que não cabem em palavras, uma sucessão de decisões foi tomada. Saltar é o resultado final de um processo iniciado muito antes. O processo de decisão pode ser melhorado, desde que seja tratado com a devida atenção e com o cuidado merecido. O inverso pode causar acidentes fatais. Foi o que aconteceu em 2008, no caso que ficou conhecido como "o padre do balão".

Em 2008, um padre entrou para a história da aviação ao decolar com o uso de balões de hélio na intenção de permanecer voando por 20 horas. A viagem tinha por objetivo despertar a atenção para a Pastoral Rodoviária, projeto idealizado por ele para promover apoio aos caminhoneiros que chegam ao porto de Paranaguá.[5] O padre pretendia levantar fundos para a construção da sede do projeto. Equipado com uma cadeira de parapente (selete) amarrada a cerca de mil balões de festa, roupa térmica, dois celulares e um aparelho GPS, Adelir se considerava apto a encarar esse empreendimento. No entanto, sua morte trágica, causada pela decolagem em condições meteorológicas adversas e pela incapacidade de operar o aparelho de GPS, evidencia a diferença entre aventureiros e profissionais.

Empreendedores impulsivos engrossam as estatísticas de empresas que entram em falência antes dos cinco primeiros anos de operação. A diferença entre o profissional e o aventureiro está na capacidade de planejamento, estruturação e execução do

---

[5] Paranaguá é uma cidade localizada no estado do Paraná.

plano de negócio. Por exemplo, empregar recursos disponíveis, mas não ter na equipe pessoas capazes de utilizá-los de forma adequada, oferece grande risco ao empreendedor. No voo, um piloto que tenha GPS, telefone e rádio, mas não saiba operá-los, é tão amador quanto um executivo que recebe uma pesquisa de mercado e não sabe interpretá-la. Não consegue transformar dados em informação relevante para auxiliar no processo decisório.

Conhecer o aspecto objetivo das decisões – ferramentas e técnicas – e o viés subjetivo – motivações psicológicas – potencializa os resultados positivos e diminui a chance de erros. Cabe refletir sobre aspectos como: a decisão afetará outras pessoas? Tem prazo de realização? O prazo será estabelecido por você ou por outras pessoas? Quais são os riscos envolvidos? Qual será o impacto da realização? Depois de tomada a decisão, ela será transformada, realmente, em uma ação eficaz?

Embora fazer escolhas seja um processo complexo, pode ser mapeado a fim de que cada um possa construir o próprio modelo de tomada de decisão, porém isso não garante uma ação. Há um hiato entre decidir e realizar. Por quê? Para muitos, o medo de errar paralisa a ação; para outros, a falta de confiança na própria capacidade, experiências anteriores ruins ou a falta de preparo. Todos querem acertar nas decisões e, quando alguém pensa "É impossível acertar sempre", vale lembrar que uma decisão errada, por exemplo, uma decolagem malsucedida, pode custar uma vida. Portanto, é fundamental desenvolver a arte de decidir e categorizar as decisões considerando os riscos e os resultados de cada decisão.

Em voos de longa distância, a escolha da hora da decolagem é crucial, já que o tempo será sempre seu maior inimigo. No início do voo, devido ao menor grau de insolação, as térmicas (correntes ascendentes) são mais fracas, portanto as chances de o piloto pousar aumentam significativamente. No entanto, se o piloto decola

14 Empreendedorismo: decolando para o futuro

tarde, reduz o tempo no ar, já que, ao pôr do sol, a condição de voo fica comprometida, devido à ausência de térmicas. Trata-se de um *trade-off*.[6] Por um lado, um risco maior de pousar antes da hora *versus* um ganho em maior quilometragem voada; por outro lado, há maior chance de permanecer no ar e menor quilometragem voada. A tomada de decisão na rampa é sempre muito difícil porque existem outros fatores, como os ciclos térmicos, a mudança do vento e os outros pilotos concorrentes que vão alinhando suas asas de acordo com cada expectativa de decolagem.

Trata-se de um jogo de xadrez em que os pilotos vão posicionando suas peças para que possam fazer a grande jogada no momento certo. A decolagem é um momento estratégico, pois o piloto decide a hora que deseja entrar no jogo. Para isso, deve entender os riscos não só físicos de sofrer um acidente, mas também os de não pegar uma corrente ascendente e ser obrigado a pousar antes do tempo previsto. Por isso, os pilotos, assim como os atletas corporativos, devem desenvolver o que chamamos de "arte de observar atentamente".

1.2.1 A arte de observar atentamente

Você já observou o nascimento de uma nuvem? Para alguns, as nuvens servem apenas para decorar o céu. Para uma criança viajando de carro, as nuvens são uma forma de diversão – algumas têm formato de animais, outras parecem pessoas. Para os poetas, as nuvens fornecem inspiração; para os navegantes, certas nuvens representam perigo. Para os pilotos de asa–delta, indicam o caminho a ser seguido na estrada do ar. São elas que

---

[6] *Trade-off*: em economia, é a expressão que define uma situação de escolha conflitante, ou seja, quando uma ação econômica que visa à resolução de determinado problema acarreta, inevitavelmente, outros problemas.

ajudam a ver com maior nitidez a trajetória a ser seguida, portanto compreendê-las é o ponto de partida para um piloto que quer voar longas distâncias.

Podemos aprender com as nuvens e com a natureza sobre o mundo corporativo. Sempre nasce uma nuvem, assim como temos visto o nascimento de novos empreendimentos, lançamento de produtos e desenvolvimento de projetos. Aprendemos, com a observação atenta à natureza, que tudo ocorre em ciclos. Todo ciclo tem começo, meio e fim. Se você percebe o início do ciclo, pode entrar no mercado na hora certa, mas, se estiver decolando na hora errada, seja antes do início ou no momento de seu declínio, irá pousar rapidamente. Foi isso que aconteceu num dia de céu azul em São Conrado. Sentado na rampa de decolagem, o piloto analisava a condição de voo e observava o céu azul majestoso. Enquanto contemplava a natureza, os demais pilotos preparavam suas asas e equipamentos na certeza de que aquele seria um dia muito especial. O piloto continuou ali, apenas observando na esperança de ver algum sinal que o instigasse a decolar. Após uma hora de espera, viu uma névoa se formando acima de uma colina. Permaneceu com o olhar fixo naquele fenômeno, que continuou se desenvolvendo, bem na sua frente. De repente, a névoa sumiu, pois a natureza não desprendeu força suficiente. Talvez não fosse a hora. Afinal, a natureza é soberana. Naquele mesmo momento, um piloto novato repleto de disposição colocou sua asa na rampa e, em menos de dois minutos, já estava voando. Não avaliou a condição, não percebeu os sinais, e, simplesmente se lançou ao ar. Muita ação, pouca percepção. Instantes depois, o piloto novato já estava pousado. Afinal, não havia encontrado as térmicas que poderiam levá-lo às alturas.

Minutos mais tarde, no mesmo lugar surgiu outra névoa. O piloto que continuava sentado observando acompanhou seu desenvolvimento, só que dessa vez a névoa ganhou volume,

16 Empreendedorismo: decolando para o futuro

cresceu e, aos poucos, se transformou em uma nuvem. Uma belíssima nuvem que continuou se desenvolvendo rapidamente e tomou a forma de um "disco voador" enorme; é aquele tipo de nuvem pompom com a base escura e a parte superior bem branquinha. Nuvens desse tipo chamam-se *cumulus* e indicam excelentes térmicas. Então, o piloto ficou ali refletindo sobre aquele fenômeno tão magnífico. Quanta energia foi despendida naquele lugar e tempo para que aquela nuvem se formasse? E por que ela nasceu naquela colina, e não em outro lugar? O céu estava todo azul, mas, em apenas um único lugar, a nuvem se formou e cresceu de maneira imperial. Será que as oportunidades de mercado também não seguem essa lógica? Afinal, a natureza está se comunicando a todo instante e cabe a nós interpretarmos os sinais. E, por mérito de ter aguardado o sinal da natureza, o piloto saltou para um longo e prazeroso voo.

A leitura dos sinais é uma competência que os atletas corporativos precisam desenvolver, ou seja, a "Arte de Observar Atentamente". Não adianta ficar na frente do computador fazendo apresentações no PowerPoint ou ficar pesquisando no Google sobre o mercado; é necessário sair da cadeira e ir ao mercado. Por exemplo, caso seja um gerente de produto, vá ao supermercado. Veja como o consumidor compra, quais são suas dificuldades, do que ele gosta, do que não gosta, para onde ele olha, quem são seus concorrentes, quais as categorias mais procuradas, como está a exposição de seus produtos, quais as oportunidades e ameaças. Se quiser abrir um restaurante em uma praça, invista alguns dias sentado no banco daquela praça e apenas observe. Observe o movimento das pessoas, por onde passam, para onde olham: existe uma mudança de perfil do consumidor de acordo com a hora do dia? Por exemplo, pela manhã podem circular crianças devido ao horário de colégio, na parte da tarde o público maior é de adolescentes e à noite há um cursinho na loja da esquina que gera um fluxo interessante de consumidores. É

Momento de Realização, a Decolagem 17

preciso avaliar se as pessoas estacionam com facilidade, quais as lojas mais próximas do seu ponto, possíveis locais para colocar material de propaganda, enfim, observe atentamente. Um piloto que desenvolve essa competência é capaz de ver as formações das nuvens, a direção do vento, o relevo e toda a sua influência, além de observar tanto os competidores quanto os pássaros voando. Se você vai voar, será que não vale observar os pássaros que já estão nesse "mercado"? Observar atentamente envolve paciência, percepção e disciplina para não ser afetado ou influenciado por aqueles que o cercam. Existem momentos em que você verá todos se preparando para decolar, mas, ao observar atentamente, você saberá que aquela não é a hora certa. Talvez o ciclo esteja apenas começando e a probabilidade de pousar seja muito grande, ou talvez aquele não seja seu momento. Essa maturidade surge com o tempo e é preciso entender que a forma como cada um observa a realidade está ligada à sua percepção interna. Em alguns momentos, é preciso dizer não.

1.2.2 O decisivo momento do sim ou do não

Considerando que toda decisão tem um "momento de definição", aquele instante em que todas as considerações já foram feitas, pesadas e medidas, chega a hora definitiva e que se resume a um *sim* ou um *não*, "decolo ou não decolo, lanço ou não lanço o produto". A partir daí, entra em cena a ação.

É importante considerar as influências psicológicas no momento da definição. Muitos profissionais têm medo de dizer não, principalmente quando o processo decisório lhes tomou um tempo significativo. Como a sociedade vive sob a égide da urgência, analisar uma situação pode ser confundido com perda de tempo. Dessa forma, muitas pessoas se sentem desconfortáveis – geralmente são pressionadas – diante do tempo gasto durante

18 Empreendedorismo: decolando para o futuro

o processo, distorcem *inconscientemente* a percepção e podem decidir de forma equivocada o momento da decolagem.

Muitos executivos demitidos resolvem abrir um negócio com o dinheiro proveniente da rescisão de contrato. A abertura do novo negócio é um desses momentos decisivos. Se tomar muito tempo de análise e planejamento, o capital vai sendo corroído pelas despesas domésticas. Além disso, a oportunidade de negócio poderá passar tão rápido quanto os ciclos térmicos do voo livre. No entanto, se não fizer um planejamento que contemple as múltiplas variáveis, a decolagem tem grandes chances de ser malsucedida e o empreendedor pode *arborizar* e cair na própria rampa.

O tempo influencia fortemente as resoluções, portanto é fundamental reconhecer o tipo de decisão a ser tomada, que podemos resumir em dois grupos básicos: aquelas com prazos estabelecidos por outros (empresa, família, amigos) e aquelas que não possuem prazos definidos. No primeiro caso, ainda se encontram as urgências, ou seja, as decisões que precisam ser tomadas no curto prazo e, geralmente, sob forte pressão. Decisões tomadas sob a influência do prazo muitas vezes podem se tornar ineficazes; por outro lado, em muitas ocasiões prazo definido pode ser a ferramenta que motiva a realização. Já no segundo caso, quando as decisões podem ser realizadas a qualquer momento, tendem a cair no esquecimento, como relata Michael Useem: "Na superfície, parece que decisões que emergem lentamente são mais fáceis de tomar. No entanto, como todos nós sabemos por experiência própria, o luxo da ponderação também pode se tornar uma armadilha. Na ausência de gatilhos naturais, a situação que esperamos resolver vai crescendo à nossa volta, até que algo – geralmente desagradável – finalmente nos force a agir."[7] Portanto, dizer um *sim* ou um *não* é uma verdadeira

---

[7] USEEM, Michael. *A hora da verdade: a decisão certa no momento certo*. Rio de Janeiro: Elsevier, 2007.

arte, que pode ser aprimorada com técnica e experiência. No voo livre, qualquer decisão sob a influência de alguma pressão pode representar uma catástrofe, muito embora saber lidar com a pressão seja uma das principais habilidades de um bom atleta.

1.2.3 Apagando incêndios: alguns critérios da tomada de decisão emergencial

Considerando as circunstâncias na hora da tomada de decisão de um empreendedor, sabemos que ele tanto precisa ter em mente um quadro geral da situação em questão quanto estar atento aos pequenos detalhes. As escolhas, em geral, não têm muito espaço para erros ou atrasos, portanto a pressão e o risco são inerentes. Como lidar com a tensão diante da decisão é a reflexão que propomos nas próximas linhas. Quanto à questão do risco, veremos com mais profundidade no Capítulo 4.

Embora não seja o mais adequado, todos já tomaram decisões para "apagar incêndios". Um planejamento estratégico existe para nortear, de forma adequada, o andamento de uma situação, mas o mundo dos negócios apresenta uma dinamicidade que escapa ao controle, inclusive de tempo. Levando em conta que as escolhas são complexas e que requerem, no mínimo, três pontos básicos para sua solução – a qualidade das informações, a reflexão exaustiva sobre a escolha (consequências, perdas e ganhos) e o aprendizado com a experiência tanto dos outros quanto a própria –, é oportuno examinar as decisões diante das urgências.

Comumente, os dirigentes das corporações permitem – consciente ou inconscientemente – que "incêndios" aconteçam, e a solução imediata é entrar em cena o *bombeiro corporativo* ou *gerente equalizador*,[8] aquele gestor que deverá identificar rapidamente

---

[8] CAVALCANTI, Bianor. *O gerente equalizador*. Rio de Janeiro, FGV, 2005.

20 Empreendedorismo: decolando para o futuro

a situação e evitar que se transforme em catástrofe. É possível que um empreendedor bem preparado esteja utilizando a lógica dos bombeiros reais e contendo incêndios com as técnicas adequadas. Os princípios utilizados por bombeiros experientes,[9] atletas, empreendedores, investidores e líderes diante de uma urgência são: segurança, rapidez e eliminação.

A segurança

Quando alguém escolhe ser um piloto de asa-delta, um empreendedor ou um profissional liberal, precisará lidar com um alto grau de incerteza, mas isso não quer dizer que irá correr riscos desnecessários. Um dos primeiros critérios para a tomada de decisão deverá ser a segurança. Segurança vem do latim *assecurare* e significa estar livre de perigo. Na contrapartida, a busca intensa por segurança, ou a ideia de que haja 100% segurança, não está no escopo de quem analisa as situações com mais afinco. Nenhum indivíduo, independentemente da atividade que exerça, está absolutamente seguro, pelo simples fato de não ser possível ao ser humano ter certezas tão absolutas. O que existe é a ideia ou a ilusão de certeza absoluta.

Portanto, partindo da visão da impossibilidade do absolutismo, a segurança é uma construção necessária de cada profissional, mas preocupação, ansiedade, medo, insegurança estarão presentes em muitos momentos da vida corporativa ou atlética, principalmente na hora da decolagem. Uma das recomendações para mitigar esse quadro é considerar o longo prazo, ou seja, embora as escolhas afetem o momento atual, contextualizar num espaço de tempo maior poderá ajudar o atleta corporativo diante das pressões externas e internas.

---

[9] USEEM, Michael. *A hora da verdade: a decisão certa no momento certo*. Rio de Janeiro: Elsevier, 2007.

Um dos maiores ensinamentos do voo livre em termos de segurança está ligado ao modelo mental da repetição sistemática no longo prazo. Se um piloto puder repetir aquela manobra ou atitude diversas vezes em um longo período, então ela é segura. Do contrário, é uma atitude perigosa com baixo grau de segurança e, por isso, deve ser evitada. Vamos explorar um pouco mais esse ensinamento. Imagine um piloto diante da seguinte situação: o vento está forte e lateral, o que significa um risco iminente, já que a direção correta para decolar uma asa-delta é com o vento frontal (nunca caudal ou lateral). Decolar com vento lateral faz a asa ser jogada para o lado e pode gerar um acidente. No entanto, imagine que, nesse dia de vento lateral, a condição esteja acima da média, um dia perfeito para voar longas distâncias. O risco está apenas na decolagem, porque, após saltar, o voo será excelente.

Um piloto avançado consegue compensar o efeito do vento durante a decolagem e talvez consiga concluir com sucesso a manobra entrando em voo e se beneficiando da condição. No entanto, se utilizarmos o modelo mental que maximiza a segurança, surge o seguinte questionamento: "Se eu repetir essa atitude, decolando em dias com vento lateral nos próximos 20 anos, será que sempre serei bem-sucedido? Será que vou conseguir decolar bem todas as vezes?" Se a resposta for não, então fica evidente que a melhor escolha é não decolar naquela condição. Só devemos decolar se pudermos repetir aquela ação inúmeras vezes. Estamos lidando com estatística e, quanto menor for a margem de segurança em cada evento, mais potencializaremos a ocorrência de um acidente.

A rapidez

Diante de uma situação realmente crítica e emergencial, uma demora na decisão pode ser fatal. Embora o tempo seja relativo,

22 Empreendedorismo: decolando para o futuro

urgências requerem rapidez. Como resolver adequadamente um acontecimento? Quais serão os prejuízos? Vale o adágio "Antes o bom realizado que o ótimo postergado"?

Diante de tantos questionamentos e da pressão por uma resolução, parece que um dos fatores mentais essenciais, além da segurança, é a coragem de se adotar um posicionamento e arcar com as consequências. De acordo com Aristóteles, coragem é "o justo meio entre o medo e a temeridade".[10] Além disso, é tida como uma virtude porque demonstra firmeza de propósitos.

Qual é a relação disso com o mundo corporativo? Uma emergência coloca à prova os propósitos, as definições e as certezas possíveis de um empreendedor. Obviamente, não pode ser um hábito da corporação gerenciar através de "incêndios" e emergências, sob pena de colocar em risco a própria existência do negócio, mas não se pode negar que as urgências também são alguns dos "momentos da verdade". O problema é, justamente, requerer do profissional habilidade, experiência e inteligência emocional, qualidades que, talvez, ele não tenha desenvolvido adequadamente.

Embora seja ponto de concordância tanto pelo senso comum quanto das pesquisas que indivíduos submetidos à pressão do tempo estão mais propensos a decidir de forma errada, existem situações que exigem a tomada de decisão imediata. Quanto mais preparado o profissional estiver com informações relevantes, aprendizado, experiência e gestão das emoções, maior será a probabilidade de acerto, conduzindo até mesmo à eliminação do problema.

Empiricamente, constatamos que os pilotos tendem a errar o momento correto de decolagem ao adiar o processo decisório, ao invés de antecipar os sinais da natureza e colher os frutos do pioneirismo e do início do ciclo térmico. Em geral, os pilotos estão atrasados em relação ao ciclo e preferem errar pelo atraso a arriscar

---

[10] ABBAGNANO, Nicola. *Dicionário de filosofia*. 2ª ed. São Paulo: Martins Fontes, 1998.

entrar antes no mercado das incertezas. Muitas vezes, o ciclo passa e os pilotos acreditam que o cenário ficará ainda mais promissor, quando, na realidade, acontece o inverso e muitos perdem a janela de oportunidade. O tempo teima em não parar e a decolagem é o momento decisivo de todo e qualquer empreendedor.

A eliminação

A decisão tomada diante de um problema emergencial e que resulta em sua eliminação está, invariavelmente, alinhada com o propósito essencial do profissional, ou seja, ainda que haja um contratempo ou um "incêndio", se as estratégias tiverem sido analisadas, não haverá desvio de propósitos. Muitas vezes, durante um voo, pode haver um desvio de rota, caso o vento mude ou alguma situação adversa ocorra, mas a rota alternativa já foi considerada e estudada durante o plano de voo, antes mesmo de o piloto se lançar no ar.

O mesmo pode ocorrer com um atleta corporativo: caso precise lançar mão de um plano emergencial, isso não representará um fracasso. Uma sugestão dada por todos os especialistas e empreendedores de sucesso é que se devem analisar as causas dos imprevistos, as consequências, as ações adotadas e as lições aprendidas. Qual é o tempo que deve ser dedicado para tal avaliação? Suficientemente grande para garantir o aprendizado e adequadamente pequeno para evitar se tornar presa do problema e perder o tempo das ações proativas.

1.2.4 Prática do não erro

Um dos maiores desafios do voo livre está ligado à prática do não erro. Voar de asa-delta não permite o cometimento de

24 Empreendedorismo: decolando para o futuro

erros, já que as consequências são graves demais. A mentalidade do não erro é fundamental para a longevidade da prática esportiva, e o desafio se torna ainda maior quando o piloto busca atingir um nível técnico mais elevado e passa a voar em condições mais difíceis. Evoluir, muitas vezes, significa ampliar suas fronteiras de conhecimento e aventurar-se em terrenos desconhecidos. Mas como fazer isso em um esporte que não permite erro? Esse é um dilema vivenciado tanto pelos pilotos de ponta quanto pelos empreendedores.

À medida que a experiência avança, o piloto quer fazer decolagens mais técnicas em locais com maior intensidade de vento. Mas a filosofia do não erro deve permanecer a mesma. Muitos pilotos com aumento da confiança começam a buscar os grandes acertos, querem fazer a decolagem perfeita, mas esse tipo de decolagem não existe. O que existe é a decolagem sem erro. Se você não analisa a condição, erra. Se não faz o planejamento adequado, erra. Se não está em boas condições físicas para praticar o esporte, erra. Se não está confiante no momento da decolagem, erra. São os "não erros" que geram o acerto. Muitos invertem o modelo mental e buscam nos acertos o sucesso. O acerto é resultado, e resultado nós não controlamos. Por isso focar no resultado é um grave equívoco. Devemos sempre focar nas ações corretas no momento da decolagem, e as ações corretas são uma sucessão de não erros. Nesse caso, a perfeição é a ausência de erro.

1.2.5 Tudo ou nada: quando uma decisão pode ser fatal?

Embora existam circunstâncias em que se está diante do tudo ou nada, vida ou morte, geralmente a fantasia que se traduz em exagero e sofrimento desnecessário é muito maior do que a realidade. Desse modo, como uma pessoa pode saber se está, de fato, diante de uma situação de tudo ou nada? De vida ou morte? Como poderá fazer escolhas de acordo com a realidade e sem influência da fantasia ou do exagero? Como um piloto pode decidir se decola ou não diante de uma intensidade de vento? Como um empreendedor decide se lança ou não um produto que pode impactar significativamente seu fluxo de caixa?

Ninguém toma uma decisão totalmente isento de suas expectativas, emoções e ideais, mas, com frequência, encarar as escolhas como se fosse tudo ou nada inviabiliza um bom resultado. Para saber se, de fato, a decisão é categórica entre tudo ou nada, entre vida ou morte, basta considerar se a escolha é unidimensional, ou seja, se é uma questão entre viver ou morrer, entre ter tudo ou nada. Especialistas que estudam atletas ou pessoas que sobreviveram a condições realmente extremadas declaram que os seres humanos lançam mão de recursos inimagináveis em momentos críticos, e que a *determinação* é a diferença entre viver ou morrer.

Um dos relatos mais surpreendentes é de um dos sobreviventes dos Andes, Roberto Canessa, que, após a queda do avião em que estava, para não morrer foi obrigado a praticar canibalismo e sair em expedição em busca de ajuda. Canessa salientou que nunca questionou suas decisões. Após 10 dias de caminhada e dois meses do desastre aéreo, Canessa e um companheiro encontraram ajuda, e foram resgatados com mais 14 sobreviventes. Passados 30 anos, suas palavras são: "Existem momentos na vida em que você toma uma decisão e não deve olhar para trás; você só pode olhar para frente (...). Você precisa ser persistente, precisa estar preparado para as coisas imprevisíveis que acontecem, e não pode fazer mais do que se esforçar ao máximo."[11]

Felizmente, a maioria das decisões de um empreendedor não possui tais características e, embora suas escolhas estejam

---

[11] USEEM, Michael. *A hora da verdade: a decisão certa no momento certo*. Rio de Janeiro: Campus/Elsevier, 2007.

26 **Empreendedorismo: decolando para o futuro**

impregnadas de consequências definitivas, o risco não é de vida. Entretanto, em muitos casos é uma questão de tudo ou nada, e as fatalidades precisam ser evitadas através da qualidade e da proatividade nas decisões, independentemente da atividade exercida. Por exemplo, um piloto pode decidir entre saltar ou permanecer em solo motivado pelo tudo ou nada? Quais seriam as consequências? E um empreendedor pode ser influenciado pela emoção extremada ou por uma decisão fatalista? Racionalmente, ninguém se deixa levar por extremos, mas a realidade insiste em mostrar os equívocos humanos contidos na natureza das decisões.

1.2.6 As armadilhas nas decisões

Decisões são escolhas e, ao optarmos por alguma coisa, estamos, inevitavelmente, abrindo mão de outra. Ao dizermos sim, o *não* está presente. Mas como dizer *não*? Quais critérios precisamos utilizar para fazermos a melhor escolha? Como saber o que é melhor diante de variadas ofertas e possibilidades? São dúvidas que angustiam, e somente uma profunda clareza daquilo que move um atleta corporativo poderá ajudar a decidir de forma acertada.

Sabemos que todas as decisões que tomamos envolvem uma carga de risco. Além de mensurarmos o risco em si, é fundamental analisarmos como decidimos, ou seja, qual é a estrutura utilizada quando tomamos decisões. Edward Russo e Paul Schoemaker[12] categorizaram os 10 erros mais comuns cometidos pelos atletas corporativos e que estão em sintonia com o processo de decisão dos pilotos de competição de asa-delta. Vale, portanto, refletir um pouco sobre essa lista como uma forma de minimizar, efetivamente, o risco.

---

[12] KOTLER, Philip & KELLER, Kevin L. *Administração de marketing*. 12ª ed. São Paulo: Pearson Prentice Hall, 2006.

Os 10 erros mais comuns dos atletas corporativos

O primeiro erro que as pessoas cometem diante das escolhas é a precipitação. Começam a coletar informações e tiram conclusões sem antes investir tempo pensando no "xis" da questão e em como decisões da natureza do problema devem ser tomadas. Exemplo: um piloto precipitado que se lança no ar sem utilizar a "arte de observar atentamente" e que tem pouca percepção. Um empreendedor que abre um novo negócio sem investir o tempo necessário em pesquisa de mercado.

A cegueira estrutural é o fato de que, apesar do empenho, os problemas não são solucionados porque a visão do problema está equivocada. Por exemplo, um executivo se empenha em resolver o conflito de relacionamento entre duas áreas de trabalho realizando uma integração entre os setores. Embora a integração sirva para aproximar as áreas, o problema real está na falta de informações técnicas. O atleta corporativo, convencido da natureza do problema – equivocado –, corre o risco de ser visto como incompetente, embora esteja trabalhando com afinco. No exemplo citado, o problema não é com o relacionamento interpessoal, mas com o processo de transmissão de informações.

Outro erro é a falta de controle da base de análise, ou seja, não analisar o problema sob várias perspectivas ou ser excessivamente influenciado pelo conteúdo dos outros. Quando um executivo não mapeia adequadamente todos os cenários que podem conter as soluções de um problema, a análise fica comprometida e, consequentemente, a solução seguirá o mesmo caminho.

O excesso de confiança no próprio julgamento é um dos principais erros cometidos pelos seres humanos. Quando deixam de coletar informações factuais importantes e confiam demasiadamente nas próprias opiniões, correm riscos imensuráveis. Em

28 Empreendedorismo: decolando para o futuro

geral, é acompanhado da cegueira estrutural e da arrogância –
do latim *arrogare* –, que significa "atribuir a si", ou seja, atribuem
a si mesmos uma capacidade maior do que realmente possuem.
No mercado financeiro, o excesso de confiança é um velho conhecido que encaminha muitos investidores à bancarrota.

Os atalhos míopes são usados quando os atletas corporativos
se baseiam nas "regras práticas" e confiam nas informações de
fácil acesso ou em fatos convenientes. De certa forma, mani-
pulam a informação de acordo com o próprio interesse. Esse
caminho é mais usado por profissionais que gerenciam através
dos "incêndios" e não se empenham na direção certa. Cabe
ressaltar que "tomar" os atalhos não resulta apenas da "preguiça
mental". A neurociência, comprovando as teorias psicanalíticas,
demonstrou que o cérebro se vale dos atalhos automáticos ce-
rebrais, chamados de marcadores somáticos, e que são inconscientes porque a verdadeira base lógica por trás das escolhas
está alicerçada nas associações de toda uma vida, das quais as
pessoas não têm percepção consciente. Portanto, os atalhos se
refletem naquelas decisões que tomamos porque simplesmente
"sabemos". Ficamos com a sensação de clareza, estamos certos
de algo, mas precisamos parar e pensar para explicar como che-
gamos àquela conclusão. Desse modo, um atleta corporativo ou
esportivo precisa dissecar a razão de ter tomado uma decisão,
principalmente aquelas que envolvem um risco maior.

No mundo corporativo, outro erro comum é falar sem pensar, o que costuma ocorrer quando se acredita no poder da "im-
provisação". São profissionais despreparados que guardam "na
cabeça todas as informações", em vez de usarem um procedi-
mento sistemático na hora de tomar a decisão final. Este erro
é cometido pelo atleta corporativo que, por falta de tempo,
ou mesmo negligência, vai para reuniões sem preparo formal
e racional. Ou um piloto que fala no radiocomunicador com a

Momento de Realização, a Decolagem   29

equipe de solo sem analisar o mapa e envia o carro de resgate na direção errada.

Os quatro últimos erros decorrem dos anteriores e se sobrepõem em tomadas de decisão nas corporações. A falta de gerenciamento de grupo é a suposição equivocada de que, pelo fato de haver pessoas inteligentes nas equipes, automaticamente serão obtidos bons resultados. O iludir-se com o feedback impede a interpretação do verdadeiro significado dos resultados passados, seja porque o indivíduo se protege em razão da vaidade, seja porque está se iludindo com os efeitos de uma análise retrospectiva. Nos investimentos, sabemos que *sucesso passado não garante sucesso futuro*, mas nem sempre as pessoas consideram essa realidade. O penúltimo erro cometido é a falta de acompanhamento, supondo-se que a experiência disponibilizará as lições automaticamente. Dessa forma, muitos profissionais deixam de manter registros sistemáticos para acompanhar os resultados de suas decisões e, finalmente, a falta de avaliação do processo de decisão impede que se crie uma abordagem organizada para entender o próprio processo de tomada de decisão.

Se você fizer uma dissecação de uma escolha qualquer, seguindo os itens citados, essa será uma forma de revelar a si mesmo como é sua estrutura de decisão. Trata-se de um exercício que pode auxiliar na busca pela melhor escolha possível, levando em conta a contabilidade mental que você faz.

Pontos comuns das armadilhas

Vamos acrescentar cinco pontos comuns que se repetem na tomada de decisão e que, segundo Max Bazerman, não podem ser negligenciados nem por empreendedores, nem por investidores, pois se constituem em armadilhas. São eles: *hindsight*

30 Empreendedorismo: decolando para o futuro

ou, como batizamos, "síndrome do eu já sabia", necessidade de reconhecimento; a "maldição do conhecimento"; os limites do conhecimento e a dificuldade de dizer "não".

Hindsight ou "síndrome do eu já sabia"

Pesquisas revelam que as pessoas distorcem de forma inconsciente os julgamentos, principalmente depois que uma situação já ocorreu. Trata-se do fenômeno chamado *hindsight*, vulgarmente traduzido como "eu já sabia". Por exemplo, quando alguns investidores precisam decidir se mantêm o portfólio ou se realizam lucro, ainda que tomem todas as precauções, decidem *prevendo*, mas não *sabendo*, o que vai acontecer. Se não venderem e o papel cair num curto prazo, passam a pensar: "Eu sabia." Eles transformam em certeza algo que somente poderia ser previsto e, quando o conhecimento é atualizado com novas informações, ou seja, quando as notícias mostram que o papel caiu, esses investidores passam a acreditar que a expectativa original não foi "suficientemente ouvida".

Estudos revelam que esse fenômeno pode transformar-se em um grande risco não só para os investidores, mas também para todas as pessoas, porque limita a capacidade de discernimento entre uma má informação e uma consequência negativa. Mesmo dispondo de todas as informações possíveis, utilizando as ferramentas adequadas e equilibrando as emoções, ocorrerão erros.

O fenômeno *hindsight* pode ser uma armadilha porque a pessoa realmente acredita que sabia o que iria acontecer e passa a considerar que tem uma capacidade maior do que de fato tem. E, assim, confiará mais na intuição, na premonição ou na suposta capacidade elevada e poderá arriscar sua carreira, seus investimentos ou sua vida, dependendo das escolhas que estiverem em questão. Uma forma de se proteger contra isso é reconhecer e aceitar a limitação, tolerar os erros, suportar as frustrações e, aí sim, aprender e melhorar a capacidade de decisão. Não é melhor enfrentar o conflito de uma decisão e arcar com as consequências nem sempre positivas do ser acometido pela síndrome do "eu já sabia"?

A necessidade de reconhecimento

Partimos do princípio de que, para a sobrevivência da humanidade, necessitamos tanto da convivência com outras pessoas quanto de limites estabelecidos. Caso contrário, viveríamos em um mundo primitivo, regido pelos instintos, em que cada ser se apropriaria de qualquer bem ou pessoa. O refreamento dos instintos e o acatamento das leis viabilizam a civilização e a perpetuação da espécie humana. Socialmente, somos dependentes uns dos outros, ainda que haja diferença no grau de dependência, que varia de acordo com escolaridade, classe social, nacionalidade, gênero, profissão, capacidade financeira, entre outras. Igualmente, do ponto de vista psíquico, somos dependentes, principalmente quando esperamos o reconhecimento alheio, seja consciente ou inconscientemente.

As diferentes estruturas de personalidade marcam a forma como cada indivíduo irá se colocar na dependência do outro, ou seja, alguns sofrerão mais diante do não reconhecimento, outros serão mais imunes à aceitação alheia; uns se defenderão do reconhecimento através da arrogância, da agressividade, do afastamento ou de outros mecanismos. Mas a maioria é submetida ao olhar do outro, sobretudo no ambiente de trabalho. Por exemplo, quando um atleta corporativo toma uma decisão, espera que seus superiores aprovem sua escolha. Além disso, espera que a aprovação seja revestida de reconhecimento dos colegas, dos subordinados, do mercado e dos stakeholders.

32 Empreendedorismo: decolando para o futuro

Quanto maior a expectativa, maior é o nível de dependência e mais intensos serão a satisfação ou o sofrimento.

Segundo o psiquiatra Christophe Dejours, "o reconhecimento do trabalho pode ser reconduzido pelo sujeito ao plano da construção da identidade [...], o trabalho se inscreve então na dinâmica da realização [...], não podendo gozar os benefícios do reconhecimento de seu trabalho, nem alcançar, assim, o sentido de sua realização, o sujeito se vê reconduzido ao seu sofrimento e somente a ele".[13] Para muitos profissionais, o reconhecimento é a afirmação da capacidade e da própria identidade, o que, por seu turno, é nocivo ao indivíduo. Toda dependência excessiva gera um aprisionamento e, por consequência, um sofrimento, e, dependendo do valor que adquire o reconhecimento dos outros, as decisões podem ser desastrosas. Por exemplo, um piloto que espera ser declarado o mais arrojado fará escolhas pautado pela audácia e, ainda que não perceba, estará minimizando os riscos através de simplificações mentais, para justificar uma decolagem inapropriada. Da mesma forma, um empreendedor cujo foco é a promoção pessoal tomará decisões voltadas para a visibilidade, e não necessariamente para a sustentabilidade do negócio, ainda que os objetivos racionais se contraponham a essa atitude.

Como não é possível criar uma blindagem contra a necessidade do reconhecimento alheio, é prudente analisar qual o valor que a afirmação alheia possui no desempenho profissional e quais os mecanismos que se podem construir para que a aceitação e a valorização comecem dentro de cada um.

---

[13] DEJOURS, Christophe. *A banalização da injustiça social*. Rio de Janeiro: Editora Fundação Getulio Vargas, 1999.

A "maldição do conhecimento"

A "Maldição do Conhecimento" é uma expressão utilizada para demonstrar a dificuldade na transmissão de informações. Mais do que um simples ruído entre emissor e receptor, é a complexidade de se avaliar o conhecimento alheio e a impossibilidade de ignorar o próprio conhecimento. Profissionais que estão imersos em seus negócios tendem a sintetizar demasiadamente as informações, os dados, e acabam por transmitir mensagens incompreensíveis aos que não têm o mesmo nível de entendimento. As consequências são nocivas, pois se cria uma suposição de compreensão acima da realidade. Por exemplo, um professor que parte do princípio de que os alunos dominam determinado conteúdo está impedindo uma aprendizagem real. Um produto poderá ser rejeitado no mercado caso o manual de instruções para sua utilização esteja muito sintetizado ou pressupondo um amplo conhecimento do futuro usuário.

Embora pareça contraditório, quando o conhecimento muito aprofundado é desprovido de uma boa dose de empatia, as consequências podem ser funestas. Elaborar um manual ou lançar um receituário sobre a melhor forma para se chegar a uma decisão ótima não só é inviável, como se mostra ineficaz. Cada decisão depende das pessoas envolvidas, do momento, dos riscos, do local, dos efeitos causados, dos recursos disponíveis, dos objetivos esperados, e essa composição não pode ser musicada com um único instrumento, uma única fórmula. Entretanto, traços comuns são verificados diante dos erros e acertos nas tomadas de decisões, e assim é possível aprimorar a arte de escolher. Cabe ressaltar que uma decisão pode ser derrotada através da forma como é transmitida, e que um empreendedor pode furtar-se de tal equívoco pela exposição clara, objetiva e não presumida do conhecimento de outrem.

34 Empreendedorismo: decolando para o futuro

Os limites do conhecimento

"Conhecer e pensar não é chegar a uma verdade absolutamente certa, mas dialogar com a incerteza."[14]

Um dos grandes avanços das ciências foi o de assumir o limite do conhecimento. Todo o desenvolvimento da inteligência está ligado à dúvida, pois a incerteza é o fermento da atividade crítica. Ter por hábito a crítica de pensamento é a segurança de ampliar constantemente o conhecimento e minimizar os riscos impostos pelo inerente limite do saber. Por exemplo, um atleta corporativo experiente acostumado com as oscilações do mercado e com o lançamento de novos produtos poderá banalizar os riscos das próprias decisões caso não exercite uma reavaliação constante do conhecimento que possui. O excesso de confiança, a supervalorização de si próprio e o orgulho podem cegar um profissional.

A princípio, um hábito é uma disposição constante adquirida pela repetição de um ato, uso ou costume. Dessa forma, é um mecanismo desenvolvido através do exercício de uma ação espontânea, que, com o tempo, se torna "automática", ou seja, sem a intervenção do raciocínio. O filósofo Pierre Bourdieu[15] critica essa concepção porque introduz a importância do poder simbólico das relações sociais na aquisição de um hábito. Ou seja, um hábito não é adquirido apenas pela mera repetição de um ato; existe uma grande interferência do grupo do qual a pessoa participa. Porém, isso tudo nem sempre será suficiente para o desenvolvimento de ações benéficas. Caso contrário, não veríamos atletas corporativos lançando produtos sem realizar uma

---

[14] MORIN, Edgar. *A cabeça bem-feita: repensar a reforma, reformar o pensamento*. Rio de Janeiro: Bertrand Brasil, 2004.
[15] BOURDIEU, Pierre. *O poder simbólico*. 4ª ed. Rio de Janeiro: Bertrand Brasil, 2001.

ampla pesquisa e uma séria análise dos riscos envolvidos. Ainda encontramos empresas que se comportam de forma amadora, ignorando o conhecimento e a racionalidade que qualquer empreendimento exige. Por último, contamos com a subjetividade inerente aos seres humanos, isto é, com a presença do inconsciente, que determina o estabelecimento ou não de um hábito e que transcende as decisões racionais e as disposições conscientes que temos.

Portanto, construir e manter um hábito não é uma tarefa simples, principalmente quando estamos lidando com a possibilidade de colocar em xeque nosso próprio conhecimento. Mas haveria outra possibilidade de nos protegermos contra as simplificações de pensamento, a superestimação das próprias capacidades e das mentiras que contamos a nós mesmos senão a constante reavaliação de nossas decisões e de nosso conhecimento?

Ter como estratégia a consciência da incerteza não é viver sob o domínio da insegurança; ao contrário, é abrir mão da falsa certeza e evitar o contágio do vírus da cegueira. A incapacidade de ver o que realmente se apresenta, ou de ver apenas aquilo que desejamos, é comum a todos nós, porém, quanto mais pudermos aguçar nossa percepção e mais conhecermos nossas motivações – inconscientes –, maiores serão as chances de nos protegermos das armadilhas que nos boicotam diante das decisões estratégicas e do nosso limite de conhecimento.

A dificuldade em dizer "não"

"Tenha em mente que você está sempre dizendo 'não' a alguma coisa. Se não é para as coisas urgentes e evidentes de sua vida, provavelmente é para coisas mais fundamentais, mais importantes. Mesmo quando o urgente é bom, o bom pode

36 Empreendedorismo: decolando para o futuro

afastá-lo do que é ótimo, mantê-lo distante de sua contribuição única, se você permitir.[16]

Não é uma tarefa fácil dizer não, seja antes de iniciar uma atividade, seja quando ela já está em curso. Quando um empreendedor investe tempo e dinheiro em um projeto, é muito difícil não ir até o final, mesmo quando ficar evidente que a situação é uma cilada. Em certa ocasião, um atleta corporativo estava à frente de um projeto que tinha por objetivo descobrir uma fonte de água na propriedade da empresa. Seus superiores lhe deram carta branca e ele estava convencido de que encontraria a fonte que beneficiaria a empresa. Contratou técnicos, analisou os relatórios, considerou as probabilidades de êxito e deu início à empreitada. Quanto mais as escavações avançavam, mais se tornava evidente a inexistência de uma fonte e, paralelamente, a angústia crescia. Porém, a necessidade de reconhecimento e a dificuldade em admitir o limite do conhecimento fizeram o executivo continuar a injetar milhares de reais no projeto. Racionalmente, todos concordam que o melhor seria mudar o rumo da decisão, e dizer *não* à continuidade. Ele também concordava com isso, mas não deixou de cavar o buraco – literalmente, o buraco de sua carreira profissional. Ignorando o clássico conselho de que, para sair de um buraco, primeiro é preciso parar de cavar, ele cavou a própria queda. Teria sido mais fácil dizer "não". Mas por que é tão difícil admitir um erro e dizer "não"?

As decisões não são tomadas puramente pela razão. A mente dominada pelas emoções impera no cotidiano e somente uma pessoa com elevado autoconhecimento e uma disciplina rigorosa diante das prioridades e princípios pessoais e profissionais

---

[16] COVEY, Stephen R. *Os 7 hábitos das pessoas altamente eficazes.* 32ª ed. Rio de Janeiro: Best Seller, 2008.

conseguirá manter o foco, livrando-se da autossabotagem. O executivo citado estava se sabotando de forma inconsciente, justificando a si mesmo que ainda obteria sucesso, todos os dias, durante meses. Acabou se convencendo de que era o único que via com clareza, negando que a cegueira o escravizara. Não significa que ter uma visão diferente da maioria é estar equivocado, mas negar as evidências e manter um "sim" por orgulho, excesso de confiança ou incapacidade de reconhecer os limites é um erro primário e uma forma de "se sacanear" em larga escala. Ao ficar focado no problema, perdeu a oportunidade de reconhecer um limite, mudar rapidamente e romper com um ciclo de sofrimento. O medo de se mostrar fracassado diante dos outros obstruiu a possibilidade de tornar seu erro menor.

Se dizer não aos outros é difícil, dizer não a si mesmo parece insuportável. A contemporaneidade nos tem mostrado que devemos aproveitar a vida, o momento. Estamos sob a égide da satisfação imediata e absoluta, mas essa mentalidade é sustentável? Temos condições de atender às nossas vontades infindáveis? Somos escravos do "sim"? Uma das lições que o mercado de capitais nos oferece é não nos apegarmos aos papéis, ou seja, não criarmos dependência afetiva das ações que compramos. Indo um pouco além, é não nos aprisionarmos ao sim inicial, dado àquela decisão de compra, e estarmos preparados para dizer não, tão logo o mercado nos emitir sinais. O autor Max Gunther[17] sugere que, quando o mercado cair, devemos "abandonar o barco assim que começar a afundar". Embora tenha certo tom dramático, ele está dizendo que podemos optar pelo menor prejuízo possível. Como está claro que não acertaremos sempre, diante de uma escolha equivocada, a decisão mais inteligente é alterar o curso.

---

[17] GUNTHER, Max. *Os axiomas de Zurique*. 12ª ed. Rio de Janeiro: Record, 2004.

38 Empreendedorismo: decolando para o futuro

Quando um piloto está com o dia reservado para voar, o equipamento está preparado, investiu tempo e energia para realizar um salto e se encontra agora na rampa, isso tudo significa que ele disse "sim" ao voo. Mas, se ele não estiver preparado para ler atentamente os sinais da natureza, talvez não perceba algumas mudanças climáticas importantes e corra um risco desnecessário. Portanto, nem todas as vontades devem ser respeitadas; os "nãos" são importantes em nossa vida, pois nos protegem e são sinais de inteligência afetiva, financeira, cognitiva e social.

Partindo do princípio de que a própria estrutura de nossas escolhas pode conter erros, e que nossa contabilidade mental nem sempre é justa conosco, será que negociamos bem diante dos riscos que corremos? Se o risco é muitas vezes inconsciente, ou seja, se não temos acesso a ele, qual será nossa saída? Apenas uma análise de divã? Não podemos transformar o mundo em um grande consultório psicológico e, de fato, muitos profissionais diante das escolhas são extremamente competentes. Mas, para aqueles que porventura cometem e reconhecem que suas decisões são arriscadas, é possível treinar alternativas de proteção.

O perigo acontece quando a balança entre erros e acertos pende mais para o primeiro lado. Mesmo quando muitos atos acertados são realizados, a natureza de determinados erros é tão comprometedora que chega a anular os pontos positivos, vigorando apenas as falhas. Quando um piloto está na rampa e precisa tomar a decisão entre saltar ou não, faz uma contabilidade mental complexa: uma parte, ele tem clareza, outra não, assim como todos nós, diante de qualquer decisão. O fato concreto é que ele está preparado, o caminho das nuvens está direcionando o rumo, ele conhece os riscos e as oportunidades que aquele momento lhe reserva, mas há um instante em que fica a seguinte questão: "Decolo ou não?" É a negociação mental que ele vai ter de fazer, ali, na rampa de decolagem, a hora do desapego. Porém, a grande contabilidade deve ter sido feita antes, pois um salto errado poderá representar a última coisa

Momento de Realização, a Decolagem 39

que ele fará na vida. Assim como ocorre com um atleta corporativo que lança um produto na hora errada, esse pode ser o momento em que encerrará sua carreira.

Prevenir é mais inteligente, menos trabalhoso e menos arriscado. Para tanto, não é forçoso utilizar técnicas adotadas pelas corporações diante das negociações enquanto um atleta – corporativo e esportivo – se prepara para o grande salto,[18] pois os recursos são inúmeros. Mas, se as receitas são falíveis, qual é o melhor método? Aquele que funciona para você. Se o resultado de uma análise consigo mesmo, naquele momento em que a decisão final precisa ser tomada, tiver como foco a melhor alternativa e, na negociação dentro de si, o acordo é, verdadeiramente, "se dar bem", a decolagem pode ser feita, pois o risco está controlado. Agora, não podemos cair nas armadilhas diante das decisões e barganhar com o risco, "querendo" que ele seja menor do que é, ficando cegos para sua natureza, acreditando demais na própria capacidade ou negando sua existência e seus níveis.

1.2.7 A racionalidade nas decisões

Cabe frisar que a natureza das decisões tem dois registros básicos: o cognitivo (racional) e o afetivo (inconsciente), chamado por alguns especialistas de irracional. Para compreender as particularidades e as armadilhas das decisões, sugerimos primeiro um sobrevoo pelos dois registros.

Uma metodologia racional

Para tomar uma decisão, é necessário lançar mão da racionalidade, pois é também um processo cognitivo. Diversos especialistas

---

[18] Baseado na análise, Batna. In: BAZERMAN, Max. *Processo decisório: para cursos de administração e economia*. 5ª ed. Rio de Janeiro: Campus/Elsevier, 2004.

40 Empreendedorismo: decolando para o futuro

mapeiam o processo decisório do ponto de vista da cognição e estabelecem alguns eixos comuns. De acordo com um dos maiores pesquisadores sobre o assunto, Max Bazerman, cada decisão poderia ser tomada considerando os seguintes passos:

- Definir o problema
- Identificar os critérios
- Ponderar os critérios
- Gerar alternativas
- Classificar cada alternativa de acordo com cada critério
- Identificar a solução ótima

Caso a racionalidade fosse suprema e absoluta, como almejamos em muitos momentos, bastaria seguirmos o roteiro citado. A despeito dos esforços de competentes profissionais e de aproximações fantásticas com uma resolução magnífica dos problemas, os resultados não ficam permanentemente blindados contra erros. Porém, adotar uma metodologia racionalmente estabelecida e de eficácia comprovada é uma ferramenta indispensável para um atleta corporativo.

Dentre os fatores que influenciam o uso de um método, estão as informações insuficientes do problema a ser combatido; o tempo escasso; os recursos financeiros limitados; a baixa capacidade de armazenamento da memória; algumas limitações da inteligência humana; a percepção seletiva e os fatores emocionais. Mas, em um estudo mais apurado, nos deparamos com um dos fatores mais importantes na tomada de decisão: a simplificação do julgamento, conhecida como heurística do julgamento.

Heurística do julgamento: uma simplificação perigosa

Se a tendência natural dos indivíduos de simplificar problemas pode servir de proteção em algumas situações, contraditoriamente, pode ser a derrocada em outras. Situações complexas não podem ser banalizadas ou reduzidas, mas estamos inumes às simplificações? Infelizmente, não. O processo mental funciona independentemente de nossa vontade racional, e esse é justamente o perigo. Então, não há saída? Felizmente, sim, mas é indispensável uma mudança nos princípios que regem as decisões. É fundamental que todo atleta corporativo identifique qual é o método que utiliza diante das decisões e, principalmente, qual é o grau de simplificação que usa, consciente ou inconscientemente, ao estabelecer algum julgamento.

Quando um piloto de voo livre observa o pouco vento, a rápida aproximação do pôr do sol, a inexistência de outros pilotos na rampa de decolagem e, ainda assim, está disposto a saltar, inevitavelmente, irá utilizar três processos de pensamento. Primeiro, percorre a memória e avalia a frequência com que tal situação acontece. Segundo, considera a probabilidade de ele ser o único a estar certo ao querer saltar naquelas condições e, por último, fará uma consideração e irá ajustar seu pensamento a partir da decisão que tomar.

Precisamente, o piloto utilizou o processo descoberto pelos pesquisadores Tversky e Kahneman, conhecido como heurística da simplificação, e reduziu o julgamento através da *disponibilidade* (buscou na memória as situações mais recentes em que vivenciou condições semelhantes), *representatividade* (estabeleceu uma conectividade e criou uma "estatística" favorável, aumentando as chances de estar certo) e *ancoragem e ajuste* ("ajustou" sua mente a partir de uma informação que lhe serviu de âncora, mas que talvez não esteja correta). Caso o piloto decida saltar, mesmo em condições adversas, ele terá "adaptado" todo o processo, respaldando a própria decisão, e estará ignorando, racionalmente, os riscos que corre. Numa situação dessas, o que vigora é uma manipulação mental racional – e uma autossabotagem emocional – motivada pela confiança excessiva.

42   Empreendedorismo: decolando para o futuro

Excesso de confiança: o viés racional

Aumentar as probabilidades de sucesso utilizando estatísticas mentais, valer-se do álibi de tempo escasso, minimizar o risco, não considerar o princípio em questão e, principalmente, intensificar a confiança quando questionado diante das decisões, todos são sinais de confiança exagerada. E todo excesso é prejudicial, pois limita a possibilidade de aprendizagem; a confiança é fundamental na obtenção de sucesso, enquanto o excesso de confiança é prejudicial na perpetuação das conquistas.

Pesquisadores comprovaram[19] que, quando algumas pessoas eram questionadas em assuntos que não dominavam profundamente, a tendência a demonstrar confiança aumentava, ou seja, quando o conhecimento diminuía, a confiança aumentava. O excesso de confiança pode ser uma defesa contra uma "insegurança inconsciente"? Racionalmente, existe uma regra sugerida por Max Bazerman para quem deseja se proteger do excesso de confiança:

- Solicitar, e tolerar ouvir, feedback sobre sua postura relacionada à confiança
- Após tomar uma decisão, explicar, genuinamente, por que ela daria errado

Embora pareça um método simplificado, é muito importante, pois oportuniza que a pessoa se depare, de fato, com sua postura diante da confiança. Do ponto de vista afetivo, a negação é uma das principais interferências, pois, ao negar a existência de um problema, qual será a chance de superá-lo? É em função disso que um atleta corporativo precisa estar atento aos dois eixos da tomada de decisão: o aspecto racional e o afetivo – emocional.

---

[19] BAZERMAN, Max. *Processo decisório: para cursos de administração e economia.* 5ª ed. Rio de Janeiro: Campus/Elsevier, 2004.

Excesso de confiança: o viés emocional

Do ponto de vista afetivo, o excesso de confiança é nocivo porque leva o indivíduo tanto a distorcer a percepção sobre si mesmo quanto a negar fatos importantes. Muitos são os fatores que promovem a percepção sobre si mesmo, às vezes, para muito "melhor" do que a realidade apresenta. Por exemplo, quando um piloto de voo livre está muito familiarizado com determinado local, quando dispõe de uma quantidade muito grande de informações e quando tem uma aposta pessoal envolvida na escolha de determinado voo, maiores serão as chances de acreditar que está no controle daquela situação. Não significa que familiaridade, informações e motivação sejam prejudiciais, mas podem minimizar a avaliação do risco. Por quê? Porque é comum os seres humanos criarem mecanismos psíquicos para justificar suas decisões, ou seja, calibram as informações mentalmente, distorcendo ou "ajeitando" alguns fatos. Além disso, outro mecanismo associado é a percepção seletiva através da memória enviesada. Por exemplo, lembrar as situações de sucesso e banir os fracassos representam uma forte tendência em quem a confiança é muito alta.

No voo livre, esse excesso de confiança é chamado de "síndrome do piloto avançado" e ocorre quando o piloto perde a referência da realidade e das próprias limitações diante da natureza. Constrói modelos mentais falaciosos que permitem que assuma riscos maiores do que os níveis toleráveis. Nesse momento, o acidente passa a ser uma questão de tempo e algo provável do ponto de vista estatístico. Interessante notar que, mesmo após um grave acidente, muitos pilotos não abandonam esse modelo mental e repetem o padrão de comportamento anterior. O voo livre ensina que primeiro vem o aviso e depois o castigo. Por mais competente, brilhante e preparado que seja um atleta, é fundamental que ele tenha profundo respeito pela natureza.

44 Empreendedorismo: decolando para o futuro

O mesmo poderá ocorrer com um empreendedor quando tem excesso de confiança e passa a acreditar que suas habilidades preditivas estão acima da média. Isso é comum no mundo corporativo, assim como no mercado financeiro, quando alguém que obteve sucesso prematuro acaba criando um "padrão mental" para escolhas futuras, apoiando-se na ilusão do talento. Por exemplo, se um investidor iniciante realizar lucro no momento em que o mercado estiver em alta, poderá criar para si – e para os outros – um valor excessivo dos atributos que possui, nascendo, assim, o excesso de confiança. Quando uma pessoa se sente recompensada ganhando dinheiro, vendo a marca de sua empresa lembrada, superando obstáculos, comprando algo, fazendo exercício, ingerindo droga, enfim, sentindo prazer, seu cérebro é inundado por dopamina – uma das substâncias mais prazerosas e "viciantes" – e, imediatamente, cria uma associação entre a ação realizada e a sensação de prazer. Nesse caso, o prazer é a recompensa, mas, à medida que isso ocorre sucessivas vezes, o prazer vai cedendo lugar à monotonia. Esse é o momento em que os riscos podem aumentar, pois, para fugir da monotonia e voltar a saborear o prazer, os desafios são voluntariamente potencializados. A assunção de riscos é proporcional aos ganhos obtidos. Frisamos que um dos maiores problemas nisso é o fato de a análise dos riscos envolvidos nas decisões tomadas ser significativamente banalizada. Ganhar muda o cérebro e as emoções, mas isso não torna o sucesso ruim, principalmente para quem não atribuir valor elevado às próprias habilidades.

A confiança se torna excessiva quando o indivíduo vê a si mesmo como alguém muito melhor do que realmente é. Podemos aproximar essa noção do conceito psicanalítico, narcisismo (secundário): "Narcisismo é o amor que o sujeito dedica a si mesmo, tomado como objeto." Embora seja fundamental ter "amor-próprio" para que a identidade de cada um seja constituída, uma autoconsideração excessiva acarretará em perda. Do

Momento de Realização, a Decolagem 45

ponto de vista afetivo, o equilíbrio é a alternativa a ser buscada incessantemente. Do ponto de vista corporativo, um empreendedor sobreviverá na medida do equilíbrio que possui.

Equilíbrio: uma questão de tempo

O equilíbrio é sempre a melhor saída. De acordo com Aristóteles, é o respeito próprio, a justa medida entre a modéstia e a arrogância. Não é simples ou fácil chegar ao equilíbrio, mas é um caminho possível, pois, assim como um piloto, ao saltar, experimenta desequilíbrio quando seu corpo é lançado no ar e logo recobra a estabilidade, um empreendedor, ainda que sofra desequilíbrios, ao dosar a confiança na medida certa, estará garantindo a sustentabilidade e a perpetuação do seu negócio.

Embora não seja uma receita, podemos considerar os três pontos que harmonizam a confiança: o conhecimento, o controle do estresse e a disciplina. Saber sobre o mercado em que atua, os riscos, as tendências, os melhores e os piores do setor é a chave que abre as oportunidades. Analisar, aprender com os erros, fortalecer os acertos, buscar capacitação contínua, acumular experiência, todos são fatores insubstituíveis na construção do conhecimento e na geração de confiança.

Em segundo lugar, controlar o estresse ou gerenciar as emoções é determinante para que uma pessoa se sinta confiante. Um descontrole é um sintoma, ou seja, uma manifestação de que algo não está bem – e isso enfraquece mentalmente. Um empreendedor não conseguirá obter sucesso prolongado se não tiver uma capacidade razoável de dominar as emoções diante das situações estressantes.

E, por último, a disciplina intensifica a confiança, justamente por sistematizar a ação. Estudar a condição meteorológica, preparar-se fisicamente, melhorar os modelos mentais e treinar

46 Empreendedorismo: decolando para o futuro

regularmente, tudo isso aumenta o nível de confiança. Ser um atleta corporativo confiante é fundamental, mas sempre dentro de padrões aceitáveis. Nesse sentido, o equilíbrio é uma arte a ser cotidianamente aprimorada. Confiança e equilíbrio no momento da decolagem significam estar por inteiro, e não pela metade. Significa estar na rampa, à beira de um abismo tranquilo, em paz e consciente dos riscos envolvidos. Significa manter a mente afiada, observando atentamente os sinais da natureza, ouvindo a voz do vento e sentindo o aquecimento do sol na pele. É saber ouvir o que os outros dizem com os devidos filtros, separando a fantasia da realidade e o otimismo ingênuo do pessimismo destrutivo. O atleta corporativo também deve estar em equilíbrio na hora de se lançar no mercado e devidamente confiante ao iniciar um novo projeto. Essa é a chave para uma decolagem segura e bem-sucedida. Afinal, este é o exercício máximo de consciência do corpo, da mente e do espírito.

Quando chegar o momento e você estiver preparado, corra na rampa com confiança, determinação e esforço. Confiança para se lançar no ar, determinação para fazer acontecer e esforço necessário para impulsioná-lo na direção certa. Acredite: a natureza estará de braços abertos para recebê-lo e proporcionar oportunidades de crescimento, como veremos no Capítulo 2.

CAPÍTULO 2

Oportunidades: Térmicas

Atletas corporativos ou pilotos de competição não se preocupam com o quanto estão subindo, mas com o quanto estão deixando de subir.

2.1 OPORTUNIDADES INVISÍVEIS

Observar a natureza e seus fenômenos é algo enriquecedor, pois fornece explicação para os mais variados questionamentos da humanidade. Charles Darwin, com sua teoria da evolução das espécies, baseada na constatação e observação da natureza, é uma prova da força desse argumento. Se Darwin tivesse estudado as térmicas, ficaria perplexo com a riqueza dessa manifestação energética. Compreender as térmicas, entender seu formato, sua dinâmica e, principalmente, saber utilizá-la a seu favor é algo fascinante e extremamente revelador do ponto de vista mercadológico.

As térmicas são correntes de ar quente que se desprendem do solo e sobem em direção ao céu. No voo livre, são as térmicas que permitem que um piloto voe 350 quilômetros, distância em linha reta entre Rio de Janeiro e São Paulo. Muitos poderão perguntar: Como um piloto de asa-delta pode percorrer essa distância em um equipamento sem motor?

O mais incrível é que a resposta para essa pergunta é capaz de explicar outros fenômenos, como o de um dos homens mais rico do mundo, Bill Gates, ou o crescimento exponencial da Google, que se tornou uma das marcas mais valiosas em curto espaço de tempo. Para chegar tão longe, Bill Gates e os executivos da Google tiveram de desenvolver certas competências exclusivas que os tornaram recordistas. Entre as várias habilidades, está a capacidade de localizar oportunidades durante "o voo", ou seja, a habilidade de ver elementos não visíveis.

Na natureza, essas oportunidades invisíveis são chamadas de térmicas e são elas que permitem que os pássaros ganhem altura sem bater asas ou que os pilotos de asa voem na altura das nuvens. Vamos tratar desse fascinante fenômeno da natureza, que, inclusive, servirá de base para a construção de nossa metáfora.

O principio é simples: o Sol aquece a superfície do solo, que, por sua vez, aquece a massa de ar que está em contato com ele (o ar aquecido aumenta de volume e fica mais leve) e, então, formam-se bolhas ou colunas de ar quente que deixam o solo e sobem, atravessando o ar mais frio que as rodeia. Utilizando esse conceito simples, os pilotos de asa-delta, ao localizarem uma fonte térmica, começam a ganhar altura em movimentos circulares. De térmica em térmica, vão voando longas distâncias.

Pare e pense por um instante: Não é isso que executivos e empreendedores fazem? Buscam no mercado correntes ascendentes para subir com mais rapidez e voar o mais longe possível. Atletas corporativos e empreendedores são, na verdade, caçadores de térmicas. *Caçam* no mercado as oportunidades invisíveis com o intuito de ganhar altura e se posicionar de forma diferenciada. Pense em sua trajetória profissional, em como chegou aonde está hoje, no caminho percorrido, e reflita sobre quantas térmicas teve de pegar. Quais foram as térmicas, as empresas e os cargos que você teve?

Com o tempo, você começou a compreender que estava navegando em um mundo de incertezas e que, para atingir seus objetivos, teve de ganhar altura, ou seja, se capacitar. Ganhar altura, segundo essa analogia, pode representar crescer na empresa e ocupar melhores cargos. Mas pode também representar aumentar seu caixa ou fazer crescer seu patrimônio. Com maior poder de investimento, é possível você fazer "tiradas"[1] mais longas, ser mais empreendedor, já que dispõe de margem para queimar reserva.

O ser humano é ambicioso por natureza, e essa busca por ganhar altura é algo inerente a quase todos que querem progredir, evoluir e voar longe. Para tanto, precisamos compreender como a natureza funciona. Afinal, se queremos subir e galgar melhores posições na vida, teremos de localizar as térmicas no mercado e aprender a "surfar" nessas correntes ascendentes. Compreender melhor esse fenômeno pode nos proporcionar ensinamentos valiosos ao lidar com as oportunidades de mercado. A seguir, aprenderemos um pouco mais sobre formato, dinâmica, razão de subida, como identificar e qual o momento certo de abandonar uma térmica.

---

[1] Tirada é o momento de transição, quando o piloto sai de um lugar e vai para outro, de uma térmica para outra.

50 Empreendedorismo: decolando para o futuro

2.1.1 Formato da térmica

As térmicas podem apresentar diversos formatos, já que sofrem influências externas, como, por exemplo, a ação do vento. No entanto, o formato mais comum é de um cone invertido. Imagine a parte mais estreita do cone virada para o chão e a área mais larga na parte superior. A térmica é uma espécie de minitornado, só que invisível a olho nu e com intensidade infinitamente menor.

No centro da térmica, existe a corrente ascendente e, a seu redor, é criada uma zona descendente como um grande chafariz. Devido ao formato de cone invertido, ou seja, com base estreita, entrar em uma térmica à baixa altura requer maior esforço, tendo em vista que qualquer erro pode fazer o piloto cair em uma descendente. Você já foi estagiário algum dia? Pois bem, quando entrou na empresa, aquela era uma grande térmica, uma oportunidade de crescer na vida, e seu objetivo era subir o mais rápido possível. No entanto, no início você acertava e, em seguida, errava. Acertava e depois errava novamente. Na verdade, se foi mesmo estagiário, você acertava e depois errava, errava, errava e, quando estava prestes a ser demitido, voltava a acertar. Provavelmente, com o tempo, foi entendendo a dinâmica dessa térmica, para onde ia, quais eram as áreas da empresa, quais os valores, qual a cultura organizacional e quem eram as pessoas que poderiam auxiliá-lo nesse processo de ascensão.

Compreender o formato de uma térmica nos faz refletir sobre a importância de se ter uma atitude empreendedora ao entrar em uma empresa ou nos lançarmos em um empreendimento. Quando abrimos um negócio, iniciamos um projeto ou aceitamos um novo emprego, é necessário compreender que estamos entrando em uma nova térmica e que, devido à base estreita, as chances de erro são maiores. Portanto, o esforço deve ser maior. Pilotos de competição tendem a se esforçar ao máximo quando entram em uma térmica, principalmente quando estão a uma altura baixa. Ficam mais atentos, mais detalhistas, buscam o local com maior razão de subida e têm atitude para comandar o equipamento a qualquer sinal de mudança. À medida que os pilotos ganham altura, a preocupação seguinte deixa de ser pousar. Eles tendem a assumir uma pilotagem mais estratégica, procurando posicionar-se no local com maior ascendente. Isso requer muita pratica e alto grau de sensibilidade. O piloto deve ser capaz de perceber as nuances do processo de mudança da natureza e compreender sua lógica.

Um gatilho térmico

As térmicas tendem a seguir a lógica do vento, que é um dos principais fatores de interferência dessas colunas verticais de ascendência. Em um dia sem vento, a térmica tende a ficar na posição vertical e formar uma coluna ascendente, um fluxo contínuo, que é alimentado por um local aquecido e que disparou o gatilho térmico. Imagine uma fogueira queimando no chão, um estacionamento com asfalto preto, um campo arado ou um maciço rochoso. Esses podem ser excelentes gatilhos térmicos. Sem a influência do vento, esses locais emanam calor e a térmica mantém seu formato inalterado.

No dia a dia da vida corporativa, também é importante identificarmos os gatilhos térmicos, ou seja, o que pode disparar uma boa oportunidade. Uma térmica é uma oportunidade. Mas só poderemos identificar uma circunstância favorável se tivermos uma postura de abertura com o futuro e de desapego com o passado. Certamente, não significa abrir mão daquilo que sabemos, ou negligenciar a experiência, mas abrir espaço para o novo. Inovação, sustentabilidade, perpetuação não podem ser palavras sem sentido;

52 Empreendedorismo: decolando para o futuro

elas devem, antes de tudo, ser práticas na vida de todo atleta corporativo. Um dos maiores especialistas em memória, Ivan Izquierdo, diz que precisamos esquecer, abrir espaço na mente para novas memórias, para novos conceitos. *A arte de esquecer* é um dos segredos da aprendizagem. Mas precisamos esquecer dos fatos que nos fazem mal, que são nocivos ou irrelevantes. Jamais poderemos abandonar o ensinamento daquilo que nos direciona e que nos encaminha para uma próxima oportunidade. Assim acontece na vida pessoal ou durante um voo de longa distância. Então, é fundamental saber ler os sinais da natureza e perceber para qual lado estão soprando os ventos favoráveis.

O vento é uma força externa que afeta profundamente a lógica e o formato da térmica. Sua presença faz a térmica ficar mais deitada, já que o gatilho térmico continua emanando calor e o ar está se deslocando como uma correnteza. O vento pode ser considerado o ar em movimento, resultado do deslocamento de massas de ar, que deriva dos efeitos das diferenças de pressão atmosférica entre as regiões. A vantagem do vento é a capacidade de desprender térmicas dos gatilhos. Muitas vezes, um mercado calmo e estável não produz muitas oportunidades, porque a natureza se acomodou dentro de sua lógica. O calor está todo ali potencializado, mas não existem fatores externos para desencadear um processo de mudança. Em nossa analogia, o vento pode ser visto como os movimentos econômicos, políticos, tecnológicos, culturais e sociais. Esses movimentos são capazes de transformar a lógica do mercado e promover mudanças significativas.

No artigo "Com o Vento a Favor", Anita McGahan[2] descreve as mudanças dos setores afetados pelos fatores externos. Segundo ela, os setores de atividade, ou indústrias, evoluem segundo quatro trajetórias distintas, e os resultados das empresas

---

[2] MCGAHAN, Anita. "Com o vento a favor". *HSM Management*, Alphaville – SP, jan./fev./2008, nº 66, pp. 70-74

podem ser ampliados se os gestores compreenderem a direção da mudança. Seria algo como a intensidade e a direção do vento, ou seja, o deslocamento das massas de ar e a criação das correntes. Podemos ter correntes de vento mais fortes ou fracas, indo para o norte, sul, leste ou oeste, e a intensidade e a direção é que vão ditar o grau de mudança no ambiente. A autora define as quatro trajetórias como: mudança radical, intermediação, criativa e progressiva. Um exemplo de mudança radical ocorre quando os ativos e as atividades centrais da empresa são ameaçados de obsolescência. Nessa situação, tanto o conhecimento como o valor de marca são afetados, assim como o relacionamento com clientes e fornecedores. Esse fenômeno pode ser notado com a Kodak, que viu seu investimento em filmes se dissolver com a criação das máquinas digitais. Outro exemplo são as empresas fonográficas que produziam discos de vinil (LPs) ao depararem com a tecnologia do CD. A intensidade e a direção do vento ditam o grau de mudança na natureza, assim como os movimentos econômicos ou tecnológicos ditam a velocidade e a direção das mudanças no mercado global.

Na natureza, se o vento estiver muito forte, as térmicas podem ficar quebradas, formando uma série de minibolhas que sobem em fluxo descontinuado. É muito interessante estudar esse formato para que possamos compreender melhor o fenômeno no mundo corporativo. É importante perceber a lógica da natureza, pois ela sempre busca o equilíbrio entre as forças. Quando ocorre uma ruptura ou descontinuidade, a natureza vai encontrar uma forma de restabelecer o equilíbrio através de uma solução equalizadora. Esclarecendo, no caso das térmicas, quando o vento está forte, as térmicas tendem a ficar fragmentadas e quebradas. As bolhas não têm mais contato umas com as outras e serão levadas pelo vento.

Um piloto que esteja voando em uma dessas bolhas terá dificuldade de evoluir para uma camada mais alta. Chega um dado

54 Empreendedorismo: decolando para o futuro

momento em que ele encontra o ponto mais alto daquela térmica solitária que está se deslocando com o fluxo de ar. Talvez você já tenha passado por uma situação em que, mesmo com alto grau de capacitação, não consegue escalar um patamar mais alto dentro da empresa e chegou ao ponto máximo daquele ciclo térmico. A natureza nos ensina muito nesse momento. As térmicas tendem a se juntar, assim como bolhas de sabão quando colocadas juntas. Elas podem se juntar, formando uma bolha ainda maior. Esse processo funciona nas térmicas, e existe um momento em que a bolha de baixo se encontra com a bolha de cima. Chamamos esse momento de "janela de oportunidade", um momento mágico que deve ser aproveitado para que se possa galgar maior altitude. Importante notar que, em algumas térmicas, esse momento pode durar apenas alguns segundos e, se não for aproveitado, ele some.

Diante da percepção de uma térmica falhada e sem perspectivas, por exemplo, um executivo de uma multinacional pode aguardar com atenção a janela de oportunidade ou sair daquela térmica em busca de uma nova corrente ascendente. Por outro lado, quanto maior for a intensidade de vento, ou seja, dos movimentos tecnológicos, políticos, sociais e culturais, maiores as chances de surgirem novas oportunidades. Uma empresa com mudanças sucessivas é campo fértil para o surgimento de novas oportunidades. Um atleta corporativo atento pode crescer rapidamente nesse meio. Empresas estáveis que atuam em setores bem definidos e seguros tendem a produzir menos janelas de oportunidades. Por isso é fundamental compreender a dinâmica das térmicas e suas especificidades.

2.1.2 Ciclo térmico

Toda térmica faz parte de um ciclo térmico, o que significa dizer que uma térmica não surge do nada. Ela é parte de um processo que tem começo, meio e fim. Podemos simplificar o ciclo térmico em quatro etapas: nascimento, crescimento, maturidade e morte.

A natureza repete esse padrão de comportamento infinitas vezes, razão pela qual, ao longo do dia, percebemos diversos ciclos térmicos. Nuvens novas e nuvens velhas espalhadas pelo céu. O grande equívoco tanto dos pilotos quanto dos atletas corporativos/empresários reside na dificuldade de distinguir o estágio dentro do ciclo térmico. Muitos executivos são demitidos e ficam revoltados, têm a crença de que estavam na fase de crescimento quando, na realidade, estavam próximos ao fim do ciclo. O erro não é da organização, mas da falta de percepção do executivo em ler os sinais emitidos pelo meio. Talvez não tenha percebido as manifestações de que sua área seria extinta ou de que sua trajetória na organização estava comprometida.

Como empreendedor, um executivo não consegue distinguir o ciclo em que está? Será uma simples falha na percepção? Não. Um importante mecanismo mental é a negação. Negação é a recusa da percepção — inconsciente — de um fato que se impõe do mundo exterior. Em geral, está associado a algo doloroso e insuportável para o indivíduo. A negação se apresenta como uma proteção, por mais contraditório que pareça. Assim como a natureza, as empresas também emitem sinais de como está o ciclo térmico. Quando uma nuvem está morrendo — e isso representa o fim de um ciclo para um executivo —, de uma forma ou de outra, existirão vestígios, porém nem todos estão preparados para ler, principalmente se o ciclo estiver acabando. Assim, negar tal ciclo pode ser uma forma de se defender de uma situação desagradável que está prestes a acontecer. Embora a negação inconsciente não mude o destino, ela protege temporariamente. Grosso modo, é uma lógica de avestruz que todos nós, em algum campo da nossa vida, utilizamos. Identificar a negação e encarar a realidade, essa é a única maneira de estar preparado para ler os sinais e saber em qual estágio sua empresa ou seu emprego se encontram.

56 Empreendedorismo: decolando para o futuro

O ciclo térmico e o mercado financeiro

Compreender a dinâmica do ciclo térmico também nos ajuda a investir melhor no mercado financeiro. Um investidor com abordagem de longo prazo deve identificar o nascimento do ciclo para que possa se beneficiar durante toda a jornada, passando pelo crescimento e a maturidade. Já um investidor mais agressivo pode realizar lucro na fase de maior crescimento do setor e sair quando chegar próximo à maturidade. Diversas estratégias podem ser definidas a partir do momento em que compreendemos os ciclos das oportunidades e seus efeitos no processo decisório. Normalmente o que se vê é o efeito manada, em que empresas e indivíduos correm na direção de onde os outros estão ganhando altura, porém, quando chegam ao local, já é tarde demais e o ciclo está próximo do fim. Um dos fatores que mais influenciam o surgimento do efeito manada é o medo. Quando estamos em "bando", sentimo-nos mais protegidos e, numa situação de perigo iminente, a tendência natural é nos mantermos próximos de nossos pares.

Vamos considerar que alguém tenha identificado uma térmica, ou seja, uma oportunidade no mercado financeiro. Por que sairia alardeando isso? A menos que ele tenha um grande interesse em se tornar, ou se manter, como um guru do mercado, é muito provável que não tenha disposição para investir seu tempo nisso. Porém, se existe o efeito manada, é porque há alguém que está guiando, um "líder" visto por muitos como um guru. Se o público – manada – pede um mentor, ele surgirá, e é em função disso que vemos muitos gurus com seus devotos como se fossem antigos messias e os novatos ou inseguros são seus maiores seguidores. Reiteramos que aprender com os ensinamentos alheios, buscar aconselhamento com os mais experientes e se valer do benchmarking são expedientes inteligentes e necessários. Mas "terceirizar" o entendimento do mercado e seguir de forma dogmática as dicas alheias são grandes armadilhas e sinal de dependência. Todos os grandes investidores, assim como os maiores atletas corporativos, constroem os próprios métodos e acabam sendo referência. As inteligências cognitiva, social, afetiva e financeira andam juntas e são fundamentais no longo prazo – e apenas dessa forma a sustentabilidade se torna realidade.

É interessante observar que mesmo os gurus estão submetidos aos ciclos do mercado: "Em quase todos os grandes ciclos de mercado, surge um novo guru, ou seja, a cada período de quatro anos. A fama desses gurus tende a durar de dois a três anos (...) Dentre os milhares de analistas de mercado, alguns sempre tiram a sorte grande em algum momento da vida, do mesmo modo como um relógio parado mostra a hora certa duas vezes por dia."[3] Então, é uma questão de tempo para que os gurus pousem. Por quê? Porque o efeito manada entre os seres humanos tende a ser movido, além do medo, pela irracionalidade. Qual é o sentimento que emana em um estádio de futebol durante a *ola*, ou na hora do gol que garante a classificação do time? Todos seguem suas emoções positivas e ovacionam o time. E se na mesma partida o time começar a errar e fizer um gol contra? Qual será o sentimento que irá imperar? A psicologia das massas comprova que, assim como alguém é muito amado, pode ser muito odiado, porque o que vigora nas massas é o contágio e a irracionalidade. Portanto, todo guru corre risco porque está atuando na esfera da emoção e muito pouco com a razão, independentemente da concordância ou não de seus adeptos e seguidores.

O mercado financeiro apresenta constantes ciclos térmicos, e saber quanto tempo se quer permanecer voando é fundamental,

---

[3] ELDER, Alexander. *Como se transformar em um operador e investidor de sucesso: entenda a psicologia do mercado financeiro, técnicas poderosas de negociação, gestão lucrativa de investimentos.* Rio de Janeiro: Campus/Elsevier, 2004.

58 Empreendedorismo: decolando para o futuro

mas é igualmente importante identificar a que espécie de piloto pertencemos. Somos pilotos arrojados, moderados ou conservadores? De que equipamento e preparo físico dispomos? Queremos fazer um voo panorâmico ou desejamos percorrer longas distâncias? Somente conseguiremos identificar uma térmica se soubermos ler os sinais, se tivermos condições intelectuais e emocionais, pois as térmicas não são homogêneas e poderão nos surpreender positiva ou negativamente, dependendo da razão de subida.

2.1.3 Razão de subida

Toda térmica tem uma razão de subida: algumas sobem pouco, apenas meio metro a cada segundo, mas existem térmicas fortíssimas que proporcionam ascendentes de até 12 metros por segundo, o que significa subir 720 metros em apenas um minuto. Algo como atingir a altitude do Pico das Agulhas Negras (2.791 metros) em menos de quatro minutos. Pilotos de competição são caçadores de térmicas e, no decorrer da viagem, é fundamental localizar as melhores ascendentes como forma de percorrer o máximo de distância no menor tempo possível.

No entanto, localizar uma térmica forte não garante que ela manterá a mesma intensidade da base até o topo. Muitas térmicas fortes, à medida que sobem, perdem intensidade e o inverso também pode ocorrer. Essa mudança em sua intensidade é afetada pelo gradiente térmico, ou seja, a variação de temperatura das camadas de ar. Uma térmica pode subir 5 metros por segundo até mil metros e, depois dessa altitude, ter uma razão de subida de apenas 1 metro por segundo. Esse fenômeno também pode ser percebido dentro das organizações. Muitas vezes, entramos na empresa como estagiário, evoluímos para analista, gerente e depois a térmica vai ficando mais fraca, e, sem potência, ficamos quase estagnados. Parece que a térmica perdeu força, que as coisas pararam de acontecer. Nesse momento, talvez esteja na hora de mudar de térmica, ou seja, mudar de área ou mesmo de empresa. Vale a pena analisar se o ciclo térmico está chegando ao fim. São questões muito comuns em nossa mente quando voamos em um mercado dinâmico e competitivo.

2.1.4 Escalar uma térmica

Outra lição que podemos aprender no voo livre e que pode ser aplicada ao mundo corporativo se refere à habilidade de escalar uma térmica com mais rapidez que os demais. Ao entrar em uma térmica, muitos pilotos comuns relaxam pelo simples fato de estarem ganhando altitude. Pensam: "Se estou subindo, então está ótimo." Alguns se acomodam com a razão de subida apresentada nos instrumentos e se dão por satisfeitos. No entanto, pilotos de competição nunca estão satisfeitos com o quanto estão subindo, mas com o quanto estão deixando de subir naquela térmica ou em outra. Se o piloto estiver subindo 3 metros por segundo, mas o concorrente estiver subindo 10 metros por segundo, ele não está apenas subindo 3, mas está também deixando de subir 7 metros a cada segundo. Em apenas um minuto, o piloto concorrente estará 420 metros mais alto e com uma vantagem competitiva significativa.

Atletas corporativos podem avaliar constantemente seu grau de evolução dentro da organização, relacionar o crescimento de sua área com as demais e desenvolver uma metodologia de comparação com outros executivos. É um fator de extrema importância ter pessoas do mesmo nível hierárquico para admirar, respeitar e, assim, traçar um comparativo de desempenho. No voo livre, a todo instante o piloto olha em volta para avaliar se sua térmica está mais forte ou mais fraca, em comparação com os demais competidores. Voar sem destino e sem objetivo é pouco eficiente e o atleta não

60 Empreendedorismo: decolando para o futuro

percorre longas distâncias. Somente uma mente focada em resultado é capaz de se manter firme na aquisição do melhor local e permanecer na melhor térmica disponível.

Se você for pioneiro no mercado e estiver voando sozinho em um ambiente desconhecido, ou seja, onde nenhum concorrente jamais se atreveu a voar, deverá melhorar a razão de subida, a partir da análise constante de seus equipamentos de bordo, como o variômetro, o GPS, o altímetro e outros. No caso corporativo, seus instrumentos gerenciais são outros: relatórios de vendas, pesquisas quantitativas, painéis com consumidores, índice de preço e assim por diante.

É importante não se conformar com sua razão de subida. Se está subindo a 2 metros por segundo, pode melhorar dentro da própria térmica pelo seu miolo (local de maior ascendência) e talvez haja até mesmo um local em que a razão de subida esteja em 2,5 metros por segundo. Caso esteja subindo nesta razão, talvez haja outro local onde a razão seja de 3 metros por segundo e assim por diante. Trata-se de uma busca constante pela melhoria — é assim que funciona a mente de um piloto de competição. Essa é a mente do atleta corporativo que deseja fazer diferença no mercado. Sempre podemos melhorar nossa razão de subida, mas, para isso, precisamos ter foco, disciplina e motivação crescente. Não adianta estar motivado na primeira hora do voo se ele envolve seis ou sete horas no ar. Não adianta mostrar seu valor à empresa no primeiro ano. Trata-se de manter um alto padrão por um longo período de tempo, ao que chamamos "arte do desafio interno".

A arte do desafio interno

Perpetuar o interesse e se manter conectado à decisão inicial é um grande desafio, e o território em que a motivação entra em cena. É justamente aquilo que nos move por dentro e nos leva à ação. Somos impelidos pela interação entre nosso mundo interior e o ambiente externo ao qual pertencemos, ou queremos pertencer, e, assim, buscamos conquistar espaços. Se um piloto quer voar longas distâncias, haverá um motivo para esse intento, e, quanto mais ele souber a respeito disso, maiores serão as chances de obter êxito. Vale lembrar que a mente humana é habitada, ao mesmo tempo, por consciente e inconsciente, por aquilo que chamamos de razão e por questões subjetivas que não conseguimos apreender. Portanto, o autoconhecimento é uma das chaves do sucesso de um empreendedor, de um atleta corporativo ou de um esportista. E, nessa relação, o tempo é componente essencial. Qualquer projeto de médio ou longo prazo precisa contar com o tempo a seu favor. Entretanto, atualmente, o imediatismo tem sido uma armadilha contumaz, e o preço da não espera nem sempre é avaliado adequadamente. Perguntar se vale ou não a pena é uma constante e põe à prova as escolhas de hoje, conforme nos mostra Eduardo Giannetti: "Agir no presente tendo em vista o futuro envolve antecipar consequências (antevisão), delinear um caminho (estratégia) e atuar consistentemente (implementação)",[4] isto é, sem a ação, de nada adianta um sonho, uma ideia ou uma intenção.

Dentre os muitos significados da palavra *arte*, encontramos um que ilustra a metáfora utilizada ao longo do livro, a saber, a produção de obras, formas, objetos ou projetos voltados para a concretização de uma ambição ou de um ideal. Nenhum empreendedor triunfará se não estiver convencido de que o tempo transcende o hoje. Muito embora as realizações necessitem de respostas imediatas, até para que sirvam de estímulo à continuidade, o longo prazo é o aliado da concretização dos propósitos.

---

[4] GIANNETTI, Eduardo. *O valor do amanhã*. São Paulo: Companhia das Letras, 2005.

62 Empreendedorismo: decolando para o futuro

Certamente, não é apenas "dando tempo ao tempo" que os ideais serão conquistados, mas toda preparação requer um período, um espaço, para que o desejo seja seguido da ação e tenha como gratificação a conquista.

O desejo

Se, internamente, a motivação tem um espaço primordial, o desejo é mais um desafio. Precisamos considerar que um desafio é uma provocação, e que somente pela provocação do desejo é que conquistamos algo. Se um piloto não deseja efetivamente bater um recorde, não irá superar nenhuma marca. Se um empreendedor não se sente desafiado, não terá força suficiente para escalar uma térmica, pois sequer conseguirá identificar uma oportunidade se aproximando.

Quando executamos uma tarefa, desenvolvemos um produto ou escolhemos determinada situação, estamos deslocando energia de uma coisa para outra. Por exemplo, agora neste exato instante em que você está lendo, sua energia, seus afetos e sua atenção foram deslocados de qualquer outra atividade para esta. Nem sempre esse processo é consciente, razão pela qual compreendemos por que em diversas ocasiões queríamos fazer uma coisa e acabamos fazendo outra. Nossa razão – consciente – estava direcionada para uma realização, enquanto nossa ação se desloca para outro empreendimento. Portanto, para todo investimento psíquico, afetivo, de energia, físico ou financeiro, há um desinvestimento correspondente. Reconhecer e assumir qual é o desejo efetivo, diferente de uma simples vontade consciente, é uma tarefa complexa, porém necessária a todo aquele que pretende conquistar e manter diferenciais competitivos.

Diferentemente do conceito que o senso comum propaga, o desejo não é uma vontade libertina ou ilimitada. O desejo se instala apenas quando há falta. Não podemos ignorar o fato de que, se tivermos tudo, não teremos desejo por mais nada. Quando fazemos uma farta refeição e nos saciamos abundantemente de comida, qualquer alimento que nos seja oferecido será recusado imediatamente. O mesmo ocorre com qualquer aspecto de nossa vida. Portanto, para existir um desejo genuíno, é imprescindível a falta. No caso de um piloto de competição, a possibilidade de perder altitude é o *motor* que o impulsiona na busca de outra térmica, ou mesmo para o melhor posicionamento dentro da térmica em que se encontra. No caso de um empreendedor, a melhoria constante, a maior participação de mercado, a perpetuação de seu negócio ou de seu emprego são constatações obtidas através da falta de segurança absoluta – estabilidade –, característica de qualquer mercado. Dessa forma, a falta de uma certeza se transforma em mola propulsora na busca dos objetivos. O desejo é necessário para que primeiro seja uma aspiração e, depois, uma realização.

Mas não podemos esquecer que o desejo é satisfeito apenas momentaneamente. Ele é sempre um fio condutor da próxima térmica, da oportunidade seguinte, do desafio que está por vir. Não significa que a satisfação não ocorra, mas ela é temporária. O equilíbrio entre a frustração – que se instala logo após atingirmos algo – e o desejo é, provavelmente, o maior desafio que o homem contemporâneo enfrenta. O fato de nos situarmos entre a satisfação e a insatisfação, e, ainda assim, não nos desestimularmos e não nos acomodarmos, é um exercício constante em que a recompensa é desfrutarmos de um voo mais longo.

Por que a escalada não acontece?

Em muitos momentos da vida profissional, as escaladas não acontecem, as promoções nunca chegam, a decolagem da

64 Empreendedorismo: decolando para o futuro

empresa não ocorre ou o produto não sai do chão. Podemos explicar esses fatos por duas vertentes: a primeira diz respeito à competência profissional ou à qualidade do produto. São os aspectos técnicos, palpáveis, em que relatórios e avaliações podem detectar as falhas e, em geral, comprovam que tanto o profissional quanto o produto não estavam aptos. Mas o que dizer das térmicas que não são escaladas mesmo quando há competência ou quando o produto tem qualidade? Má sorte? Destino? Não. A explicação se dá através da segunda vertente, que é o componente emocional e subjetivo.

Por mais contraditório e paradoxal que possa parecer, inúmeros profissionais se autossabotam. Isso pode acontecer durante um voo, durante uma escalada profissional ou diante de um desafio pessoal. O psiquismo é muito complexo e deparamos cotidianamente com exemplos em que certas pessoas buscam deliberadamente situações penosas e humilhantes. São tendências de autopunição em que o resultado é o insucesso, ou seja, são indivíduos que proíbem a si mesmos de obter satisfação ou que, logo após conquistarem algo, se punem, se angustiam ou aniquilam suas conquistas. Mas como fazem isso? Geralmente, deixam de aproveitar a próxima oportunidade, cansam cedo demais, desistem antes de esgotarem todas as forças e não se permitem usufruir da satisfação obtida ou identificar a próxima térmica.

2.2 IDENTIFICAR UMA TÉRMICA

Imagine que você estivesse sentado em um banco no Central Park, em Nova York, ao lado do megainvestidor George Soros, uma águia no mercado financeiro. Imagine ainda que você e Soros estejam olhando a seção das ações operadas no mercado financeiro do jornal *The New York Times*. Será que ambos estão

Oportunidades: Térmicas **65**

vendo a mesma coisa? Será que você está compreendendo os sinais do mercado da mesma forma que seu vizinho? Provavelmente não. Enquanto talvez você esteja vendo um monte de números que não fazem muito sentido, Soros está vendo oportunidades. O mesmo ocorre quando pilotos novatos olham para o céu, veem as nuvens e simplesmente não compreendem os sinais dados pela natureza. A natureza fala o tempo todo, só que muitas vezes não estamos preparados para ouvi-la, não temos a capacitação necessária para tal. A natureza dos mercados também está emitindo informações e nós podemos captar, interpretar e agir de acordo com as oportunidades que surgem, mas como?

Vamos aproximar o mundo dos investidores do universo corporativo. Afinal, não são todos caçadores de oportunidades? Pois bem, assim como um piloto de alta performance ou um empreendedor, muitos investidores percebem as circunstâncias favoráveis que se aproximam e conseguem ler os sinais emitidos pela natureza, pelo mercado e pelo movimento financeiro. O que eles têm em comum? Além do talento inato de alguns, a dedicação constante, a inconformidade com o *status quo*, eles possuem alguns traços de personalidade que se repetem:

- São incisivos
- Possuem alto controle mental e emocional diante das situações extremas
- Confiam na capacidade de obter sucesso
- Obtêm, efetivamente, sucesso
- Conhecem quais são suas "forças"
- Reconhecem as próprias "fraquezas"
- Neutralizam ao máximo as fraquezas
- Aceitam os erros que cometem
- Corrigem rapidamente os erros cometidos
- Desenvolvem expectativas acertadas

66 Empreendedorismo: decolando para o futuro

- Obtêm informações seguras
- Processam rapidamente as informações e as transformam em conhecimento
- Compreendem para onde o mercado, as nuvens e o dinheiro estão se movimentando
- Evitam a armadilha da conformidade

Distinguir uma oportunidade e saber o que fazer com ela é o que diferencia um profissional de excelência de um mediano. A boa notícia é que podemos desenvolver habilidades, competências e nos tornarmos aptos a competir, em todos os níveis de profissionais. E um dos primeiros caminhos é desenvolver uma percepção mais aguçada.

A percepção de uma térmica

A percepção é um conceito estudado pela psicologia e envolve alguns processos mentais que influenciam a interpretação dos dados percebidos. É importante acrescentar que a percepção também implica estímulos elétricos que são evocados pelos órgãos dos sentidos, e que essa abordagem é estudada pela biologia e a fisiologia. Mas nosso objetivo é desvendar o mistério que cerca a percepção psicológica, ou seja, aquela realidade que alguns veem e outros não. Por que isso acontece? Além das interferências do conhecimento e da capacidade técnica, estamos interessados nas diferenças subjetivas, nos traços que habitam algumas pessoas, enquanto outras são desprovidas de determinadas características, e, se possível, aprender com aqueles que veem além do lugar-comum.

A percepção está muito mais ligada à interpretação da realidade do que à realidade em si mesma. Voltemos por um instante aos exemplos citados anteriormente. A realidade em si são as notícias que os jornais divulgam. Ler os dados e perceber oportunidades neles é a interpretação subjetiva e particular de cada um, no caso de investidores como Warren Buffett. O mesmo ocorre com os pilotos: as formações de nuvens estão à disposição de todos, mas reconhecer as melhores térmicas será a interpretação de alguns, e não de todos. Um mesmo objeto, uma mesma situação, é palco de inúmeras interpretações. Assim, a mesma formação de nuvens pode significar uma brincadeira para as crianças, como as notícias poderão representar um sinal de pânico para algum investidor despreparado. Embora o conceito de interpretação tenha sido profundamente estudado pela psicanálise, e não seja nosso objetivo nos atermos aos meandros conceituais, cabe ressaltar que perceber, reconhecer e interpretar uma oportunidade de negócio é muito mais que um treino, ou uma decisão puramente racional; é uma disposição interna que está ligada àquilo que faz sentido para uma pessoa, razão pela qual podemos dizer que a percepção é seletiva. Selecionamos, inconscientemente, o que queremos – e aquilo que podemos – ver e ouvir.

Os fatores que mais influenciam a percepção são a motivação (o que nos interessa e nos move em direção a algo), a experiência (conhecimento adquirido desde a nossa infância) e a cultura (aquilo que aprendemos a valorizar ou não).

Os filtros da percepção

A percepção é um conjunto de processos psicológicos pelos quais as pessoas reconhecem, organizam, sintetizam e conferem significado às sensações recebidas por meio dos estímulos captados pelos sentidos (visão, audição, gustação, tato e olfato). Entretanto, não é um processo de recepção passivo, mas um processo ativo que resulta em um significado.

68 Empreendedorismo: decolando para o futuro

A atribuição de significação aos estímulos sensoriais é direcionada tanto pelo sistema de crenças e valores de cada um quanto pela codificação que a cultura e o contexto situacional estabelecem. A percepção tem dispositivos que proporcionam a seleção das informações com base em critérios de relevância e de interesse, os chamados filtros perceptivos. Os principais filtros perceptivos são:

- atenção seletiva (a capacidade de selecionar as informações);
- distorção seletiva (a tendência a interpretar informações dando significado pessoal, para dar sentido à visão de mundo);
- retenção seletiva (a predisposição de armazenar estímulos sensoriais que reforcem seu sistema de crenças e valores).

Ressaltando, os filtros que os atletas corporativos utilizam são determinantes no reconhecimento das oportunidades futuras. A forma como cada um lê e percebe as ameaças ou oportunidades está muito mais relacionado com o mundo interior, ou seja, com a subjetividade particular, do que com as condições reais externas.

Reconhecer a térmica do futuro

Reconhecer uma situação antes que ela aconteça é um desejo irrealizado desde os primórdios da humanidade. E o fato de nunca termos conquistado, efetivamente, o futuro decorre da impossibilidade de prevermos o que vai acontecer. Porém, algumas técnicas se tornam eficazes, segundo Prahalad e Hamel: "A meta de competição pela previsão do futuro do setor é, de certa forma, simples: criar a melhor base de premissas possível sobre o futuro (...) É uma competição pelo posicionamento da empresa como *líder intelectual* em termos de influência no direcionamento e forma de transformação do setor (...) O truque é ver o futuro antes que ele chegue."[5] Percebemos que não é uma previsão mística do amanhã, mas um fazer hoje, para que o futuro seja influenciado pelas nossas decisões. Uma empresa líder ou um profissional referência estão um passo à frente dos demais. Dessa forma, o futuro também é construído por eles; em vez de sofrerem influências, são as próprias influências. Por exemplo, dois pilotos querem bater um recorde em uma competição. Um deles fica em casa pensando como poderia realizar seu sonho. O outro também analisa, mas está com frequência na rampa de decolagem verificando os sinais da natureza. Qual a maior diferença entre eles? Não é a visão de futuro, pois ambos querem a mesma realização, mas é a atitude, a ação. Prever não é suficiente; é premente fazer.

Um empreendedor e um atleta corporativo precisam aliar a habilidade de se projetar no futuro, considerando o setor em que atuam, as possibilidades que o mercado está pronto para absorver, as transformações que poderão sugerir, com a capacidade de realizarem as mudanças. Nesse momento, estarão aptos a reconhecer a térmica do futuro e poderão abandonar uma posição para se instalarem em outra; somente assim, serão capazes de abandonar uma térmica para escalarem outra.

2.3 ABANDONAR UMA TÉRMICA

Para percorrer longas distâncias, o piloto deve encontrar diversas ascendentes, mas também precisará saber o momento de abandonar uma térmica quando chegar a certa altura, o que lhe permitirá buscar a próxima. Um piloto que se prende a uma única térmica não consegue voar longe. Voar longas distâncias

---

[5] PRAHALAD, C.K. & HAMEL, Gary. *Competindo pelo futuro: estratégias inovadoras para obter o controle do seu setor e criar os mercados de amanhã.* 23ª ed. Rio de Janeiro: Campus/Elsevier, 2005.

70 **Empreendedorismo: decolando para o futuro**

exige desapego e capacidade de assumir riscos, abandonando a certeza para voar em ambientes desconhecidos. Voltando ao caso de Bill Gates, pense no ponto de partida e no ponto de chegada desse incrível homem de negócios. Começou com uma empresa fundo de quintal e transformou a Microsoft em um dos maiores impérios corporativos. Quantas ascendentes pegou para voar tão longe? Quantas térmicas precisou abandonar para recriar novos ciclos de produto? Assim como ele, Warren Buffett e tantos outros não foram apenas inovadores; também se tornaram ícones. A capacidade de ver coisas de forma diferente e o não conformismo são alguns dos pontos que os transformaram em signos de sucesso e competência, porém nem sempre foi assim. Analisar o que eles falam hoje não é o mesmo que ter ouvido o que disseram no início de seus negócios. Não apenas os dois empreendedores citados, mas também todos aqueles que se destacam, vivenciaram um tempo em que suas ideias pareceram diferentes ou até mesmo estranhas.

É muito fácil ler e imaginar que abandonar uma térmica é uma realização simples. No entanto, tomar uma decisão no ar ou na empresa é muito mais complexo. Quando se está em pleno voo, surfando em uma térmica, a posição é muito confortável – e conforto é bom. Todos nós gostamos da sensação de apaziguamento e tranquilidade que o conforto gera e, embora a intensidade e o tempo que cada um aproveita possam diferir, é inegável que o bem-estar gerado provoca uma tendência ao sossego. Abrir mão da comodidade e da estabilidade por algo incerto é, no mínimo, desafiador. Sair da zona de conforto e tomar uma decisão de tirada envolve análise, estratégia, atitude, coragem e desapego. Não foi e não será diferente para todos aqueles que desejam caçar a sua própria e próxima térmica.

Os ícones, os inovadores, os atletas corporativos, os competidores profissionais, os criativos, ou seja, os *inconformados* acabam por aprender e ensinar, em algum grau, a importância e os beneficios das novas ideias e das decisões estratégicas. Entretanto, uma oportunidade precisa apresentar diferenciais que possam ser incorporados de forma útil. Para abandonar uma térmica em substituição a outra, trocar um emprego por outro ou abrir o próprio negócio, é necessário que uma vantagem seja identificada. Além disso, a decisão precisa ser compatível com as condições e a altura necessária, para que a tirada não represente um pouso forçado. Se você está em uma zona de descendente ou de fraca ascendente, pare, pense e reavalie. Talvez esteja na hora de tirar para outra direção.

O medo da mudança

O medo é um dos maiores bloqueios para a mudança e, em consequência, para a inovação. A aversão ao risco, bem como o medo de parecer idiota ou de fracassar, podem destruir uma ideia, um projeto ou uma carreira brilhante. Em dois aspectos o medo encontra guarida: na parte física do cérebro e no componente psicológico/subjetivo da mente. No primeiro caso, tanto o sistema neural quanto o hormonal sinalizam organicamente sua presença através do aumento da pressão arterial, da aceleração dos batimentos cardíacos, do aumento da sudorese, da secura da boca, dos dedos trêmulos, da voz que falha e do estômago que dá voltas sem parar. Aqueles que conseguem controlar essas reações acumulam vantagens sobre os demais. Por outro lado, o aspecto subjetivo do medo está diretamente ligado à estrutura de personalidade de cada indivíduo e resulta de suas experiências na infância. Não simplesmente experiências que são retidas na memória, mas o significado das vivências infantis que permanecem atualizadas no inconsciente. Ficar paralisado, agressivo, motivado ou depressivo, essas são algumas das possíveis reações na vida adulta, mas que nasceram na mais tenra idade. Desse

72 Empreendedorismo: decolando para o futuro

modo, é fundamental conhecer verdadeiramente o que causa medo e qual é sua reação diante dele.

Por exemplo, inúmeras pessoas jamais farão um voo livre, saltarão de para-quedas ou andarão de montanha-russa, por conta de seu medo de altura. Portanto, quando alguém supera limites — seja um empreendedor talentoso, seja um atleta esportivo ou corporativo de alta performance —, gerencia o medo de modo diferenciado da maioria. O controle da reação corporal, a não dependência do julgamento alheio, a segurança emocional, o constante desenvolvimento da capacidade e dos talentos e a habilidade de relacionamento social andam na contramão do medo e são traços comuns daqueles que obtêm sucesso. Isso não quer dizer que não houve um significado que marcou a mente daqueles que reagem melhor, mas, em muitos casos, eles *ressignificam* a marca psíquica e desafiam o medo, transformando-o em uma mola propulsora rumo a uma ação proativa.

É provável que muitas pessoas sintam medo de trocar um emprego por outro, que tenham receio de se tornar empreendedores ou que se questionem se é a melhor decisão abandonar uma térmica em direção a outra. Mas, para usufruirmos de uma situação, precisamos abrir mão de outra; para investirmos em algo, precisamos *desinvestir* em algum lugar. Para aproveitarmos uma oportunidade, precisamos, inevitavelmente, abandonar o lugar em que nos encontramos.

A insegurança de fazer uma tirada

A insegurança pode ser uma reação absolutamente necessária e normal. Quando percebemos um perigo externo advindo de uma situação real, é racional e saudável que tenhamos um reflexo de fuga — ou, no mínimo, de apreensão —, inclusive por haver uma manifestação do instinto de preservação. Mas é igualmente importante percebermos que a insegurança é gerada pelo medo e que está diretamente relacionada ao nível de conhecimento das pessoas e à interpretação afetiva. Por exemplo, antigamente os eclipses solares eram sentidos como uma ameaça iminente. E hoje? O eclipse mudou ou o conhecimento e a interpretação sobre ele é que mudaram?

Portanto, é fundamental saber se o medo decorre de uma ameaça externa real, de um afeto[6] ou de falta de informação. Quando a ameaça é real, a tendência é a fuga da situação, mas, quando é um sentimento ou desconhecimento, a ansiedade se manifesta associada ao medo e é nessa situação que muitas pessoas acabam desistindo de projetos, planos, metas ou sonhos. O desconhecimento gera medo, que tem por consequência a ansiedade e acaba levando a pessoa a uma interpretação equivocada da realidade. Do ponto de vista do desconhecimento – falta de esclarecimento suficiente –, a resolução é fácil: basta ampliar o nível de informações. A análise de cenários, de balanços e pesquisas eleva o grau de conhecimento, e a ansiedade cessa ao mesmo tempo que o medo deixa de existir. Quanto ao aspecto mental – emocional/afetivo – ligado ao medo, a situação é mais complexa.

Uma das diferenças psicológicas entre um atleta corporativo bem-sucedido e um profissional mediano é a forma como sentem, interpretam e lidam com o medo e a ansiedade. Normalmente, um profissional mediano é ansioso e temeroso, porém raramente consegue identificar isso em si mesmo e culpa situações ou pessoas a seu redor para justificar a falta de iniciativa e a incapacidade de mudança. São aqueles profissionais que encontram justificativas e intermináveis razões para não aproveitarem uma térmica, pois estão sempre esperando que as situações

---

[6] O afeto inclui determinadas inervações ou descargas motoras e, também, certos sentimentos.

74 Empreendedorismo: decolando para o futuro

positivas não se concretizem: "Encontramos uma espécie de ansiedade livremente flutuante, que está pronta para se ligar a alguma ideia/ou objetivo/a esse estado que denominamos de 'ansiedade expectante' ou 'expectativa ansiosa'. As pessoas atormentadas por esse tipo de ansiedade sempre preveem as mais terríveis de todas as possibilidades, interpretam todos os eventos casuais como presságios do mal e exploram todas as incertezas num mau sentido."[7] Caso um profissional viva com tamanho nível de ansiedade, enquanto não solucionar do ponto de vista afetivo, dificilmente deixará de ter medo, e, como sente uma "ansiedade flutuante", ela se ligará a qualquer situação. Seja um *upgrade* na carreira profissional, uma nova campanha ou o lançamento de algum produto, não importa, todas as situações serão vistas pelo foco da ansiedade e do presságio de mau agouro.

A sensação de segurança proporcionada pela situação estabelecida na carreira profissional impedirá novos voos ou a busca por oportunidades diferentes. E, assim, uma tirada para outra térmica terá o sentido de uma ameaça. Embora pareça improvável que isso aconteça, muitos empreendedores estão nessa situação e não conseguem reconhecer, porque os efeitos e a influência dos afetos são intangíveis. Mas a repetição dos comportamentos aponta para as origens, ou seja, aqueles que constantemente encontram desculpas para se manter na zona de conforto podem estar sendo acometidos pelo medo, sem sequer se darem conta disso.

A interpretação do medo

Vamos dedicar um pouco mais de tempo aos aspectos emocionais e, embora o tempo seja um artigo de luxo na sociedade

---

[7] FREUD, Sigmund. *O eu e o id*. Edição *Standard* Brasileira as Obras Completas de Sigmund Freud. Rio de Janeiro, Imago Editora, 1974, v. XVI.

contemporânea, é por isso mesmo que ele deve ser usado com parcimônia e sabedoria. Técnicas de gestão, de empreendedorismo e de superação são facilmente encontradas, mas a oportunidade de voar uma longa distância nos territórios da mente não está disponível com muita frequência. Ultrapassar as fronteiras do lugar-comum não é para qualquer um; ao contrário, é um dos grandes diferenciais dos atletas de ponta. E, se você deseja ser um profissional de alta performance, salte sem medo e rompa com o limite de não ter tempo para refletir. Análise e reflexão são fundamentais para conhecer o aspecto técnico de qualquer atividade e, igualmente importante, para o mapeamento do processo emocional envolvido no desempenho de toda e qualquer função.

A parte mais difícil não é identificar um sentimento, pois muitas vezes estamos cônscios dele. O problema maior está na interpretação que damos àquilo que sentimos. Imagine-se em um lindo dia de sol, sentado no topo de uma montanha, com um enorme desejo de voar. Imagine, também, um piloto experiente a seu lado, uma asa que preenche todos os requisitos de segurança e um único sentimento separando você da realização do seu sonho: o medo. Nessa situação, o medo não é inconsciente; ao contrário, é bastante nítida sua emoção, seu coração está disparado, suas mãos estão suando e há uma mistura entre excitação e apreensão. Você sabe que está com medo e o que vai definir se irá saltar ou não é a interpretação que fará daquilo que está sentindo.

O medo é uma emoção. A ideia que se liga à emoção depende da interpretação que a mente faz. Voltemos à cena anterior: uma pessoa na rampa sentindo muita vontade e medo de saltar ao mesmo tempo. Como essa pessoa tomará a decisão? Ela fará uma interpretação – consciente ou não – sobre os motivos que a estão levando a sentir medo. A interpretação chegará à consciência em forma de ideia e se ligará ao sentimento – medo. Se

76 Empreendedorismo: decolando para o futuro

a ideia que inundar a mente do indivíduo naquela hora for a mesma que sempre o prendeu a convenções e que o impediu de aproveitar novas experiências, provavelmente ele não conseguirá se livrar do pensamento preestabelecido e dos traumas arraigados em sua mente. Quando um sentimento se liga a uma ideia, interpretamos o que está acontecendo. Mas isso não significa necessariamente que a interpretação está correta. Por quê? Porque nossa mente é formada por uma rede de experiências – boas e ruins –, pelo sentido que damos àquilo que aconteceu conosco e pelas memórias que guardamos de nossa vivência. Quando passamos por uma experiência que nos marcou negativamente, a ideia que sempre iremos associar quando algo nos lembrar daquela situação será acompanhada de um sentimento ruim. Consequentemente, a interpretação que faremos será negativa, ainda que, racionalmente, tenhamos todas as possibilidades de pensar o contrário.

Interpretação é, portanto, uma força poderosa: "As ideias escondem um sentido diferente de seu sentido manifesto, um sentido latente."[8] A utilidade dessa digressão para um atleta corporativo é chamar a atenção para o fato de que muitos profissionais estão deixando de evoluir por se equivocarem na interpretação de seus sentimentos. O medo de errar, de ser julgado, de fracassar, de não conseguir outra oportunidade, de estar antecipado no tempo, de estar atrasado, de não estar lendo os sinais com sabedoria, entre tantos outros, é fator decisivo para a desistência de muitas ações que poderiam ser tomadas. O aspecto saudável do medo é que ele é protetor, ou seja, não permite que as pessoas sejam inconsequentes. Mas a experiência mostra que o medo, quando ligado a uma interpretação equivocada, impede que uma pessoa faça a tirada na hora certa, abandone uma

---

[8] CHEMAMA, Roland e VANDERMERSCH, Bernard. *Dicionário de psicanálise.* São Leopoldo: Unisinos, 2007.

térmica e aproveite uma nova oportunidade e, assim, ganhe mais altura e mais tempo de realização profissional. O sucesso, a superação dos medos e o aproveitamento das boas oportunidades consistem num processo a ser construído e apreciado, pois muitas pessoas têm dificuldade — consciente ou inconsciente — de "voar alto". Sofrem da fobia de lugares altos — "acrofobia" —, mesmo que a altura seja o momento de realização dos sonhos ou do sucesso profissional. São acometidas pelo autoboicote e acabam perdidas quando obtêm sucesso.

Arruinados pelo êxito

"Arruinados pelo êxito" é um texto de Sigmund Freud em que ele demonstra que os seres humanos não buscam apenas satisfação e realização dos ideais. Para muitas pessoas, há um conflito interno, inconsciente, que só vem à tona quando um desejo está prestes a se realizar. Enquanto o desejo fica no âmbito da fantasia[9] — apenas na mente como um ideal a ser atingido —, é fortemente nutrido e racionalmente buscado, mas, a partir do momento em que pode tornar-se realidade, o próprio indivíduo cria condições para impedir que aquele desejo se concretize.

Por mais contraditório que pareça, a mente segue uma lógica que a razão não compreende. Entre a expectativa de realização e a realização em si, existe um espaço que para muitos é intransponível: "Parece ainda mais surpreendente, e na realidade atordoante, quando se faz a descoberta de que as pessoas ocasionalmente adoecem precisamente no momento em que um desejo profundamente enraizado e de há muito alimentado atinge

---

[9] Fantasia não é devaneio. Na linguagem psicanalítica, fantasia tem um uso extenso. No entanto, aqui, fantasia é usada no sentido estrito, de ter uma relação intrínseca com o desejo, ou seja, a fantasia consciente, preconsciente ou inconsciente coloca em cena um desejo, de forma mais ou menos disfarçada.

78 Empreendedorismo: decolando para o futuro

a realização. Então, é como se elas não fossem capazes de tolerar sua felicidade."[10] O adoecer a que Freud se refere pode ser manifestado através de um mal-estar físico, uma doença grave ou mesmo uma situação aparentemente justificável do ponto de vista externo. Por exemplo, alguém que desejava saltar de asa-delta e na última hora desiste. Ou ainda quando um piloto de voo livre deseja participar de um campeonato com a intenção de percorrer determinada distância e, depois de ter feito toda a lição de casa, preparando-se fisicamente, traçando as rotas com precisão, estudando os possíveis cenários e tomando as medidas de segurança necessárias, desiste muito antes de atingir o objetivo. Essa pessoa pode estar sendo acometida pela "síndrome de realização".

Partindo do princípio de que nenhuma condição adversa tenha ocorrido, se o piloto abandonar a térmica antes do objetivo proposto, provavelmente é porque não conseguiu tolerar a realização do desejo. Nesses casos, as pessoas se sabotam quando a frustração por não ter atingido algo pode ser substituída pela realização: "À primeira vista, há algo de estranho nisso, mas, por ocasião de um exame mais detido, refletiremos que não é absolutamente incomum para o ego tolerar um desejo tão inofensivo, na medida em que ele só existe na fantasia, cuja realização parece distante; pelo contrário, porém, o ego se defenderá ardentemente contra esse desejo tão logo este se aproxime da realização e ameace tornar-se realidade."[11]

Em muitas ocasiões, um empreendedor ou executivo trabalham arduamente para realizar alguns feitos, mas, quando se aproximam das conquistas, mudam o rumo. Por exemplo, alguém poderá trocar de emprego justamente quando está prestes

---

[10] FREUD, Sigmund. "Arruinados pelo êxito". *In*: Edição *Standard* Brasileira as Obras Completas de Sigmund Freud. Rio de Janeiro, Imago Editora, 1974, v. XIV.
[11] Idem.

a ser promovido, lançar um produto cedo demais, abandonar um projeto antes que obtenha os resultados esperados, desistir de atuar em um segmento quando o setor estiver em ascensão, enfim, são inúmeras as situações que todos nós já vivenciamos ou observamos no mundo do trabalho. Mas por que isso acontece?

Consideremos que a mente funciona sob a influência da consciência e do inconsciente, movida por forças que "querem racionalmente algo" e por forças que "nos levam a atitudes que têm por consequência o afastamento do êxito". Essas forças podem ser, genericamente, entendidas como uma constante luta entre:

- princípio do prazer × princípio da realidade;
- pulsão de vida × pulsão de morte;
- consciente × inconsciente
- id × ego
- ego × superego

Independentemente da nomenclatura teórica que está por trás da discussão, o fato importante é que um atleta corporativo precisa identificar os momentos em que as forças contraditórias estão influenciando suas escolhas profissionais. E, com raríssimas exceções, todos são acometidos em algum grau pelo duelo entre a satisfação do desejo e as metas irrealizadas. Quanto mais autoconhecimento e reflexão houver sobre esses aspectos, maiores serão as chances de percebermos em que nível as tendências proibitivas estão atuando. Em muitos casos, são julgamentos, interdições e diálogos internos profundamente arraigados no psiquismo e que surgem na consciência somente após uma análise rigorosa. Como ter acesso a isso? Nossa intenção, contudo, não é penetrar nas camadas obscuras da mente: não precisamos ir tão longe, basta observarmos os resultados. Uma sincera

80 Empreendedorismo: decolando para o futuro

análise demonstra a linha que cada um está seguindo. Eventualmente, todos se sabotam, pois "ninguém ganha sempre". Mas a frequência das irrealizações aponta a estrada que cada um percorre e, quanto maior for o número de desejos não realizados, mais a autossabotagem estará vigorando.

Comprometidos com o sucesso

Ainda que surjam dúvidas tanto sobre a existência das forças contraditórias da mente quanto da eficácia do autoconhecimento, o poder da reflexão diante dos mecanismos psicológicos, somado às experiências individuais, servirá de fonte suficiente para que um atleta corporativo desvende os enigmas das próprias forças e fraquezas, e, assim, supere bloqueios e medos, tanto do fracasso quanto do sucesso, e se aventure no universo das mudanças e das conquistas. Desenvolver uma mente aberta às mudanças e disposta a se desapegar em busca de novos horizontes é uma prática que leva algum tempo. Afinal, modelos mentais vencedores são construídos com esforço e dedicação. Para alguns, esse processo pode levar décadas até que as peças do quebra-cabeça mental se encaixem. Por isso a importância de compreender os elementos que o impedem de crescer na velocidade esperada. Quanto mais rápido desatar as amarras mentais, mais veloz será sua razão de subida nas térmicas da vida.

Focar esforço no presente é uma característica dos atletas de ponta que solucionaram o quebra-cabeça mental. Afinal, muitos ficam presos entre o passado glorioso e o futuro fantasioso. Importante notar que o presente é tudo aquilo que fazemos enquanto traçamos planos futuros. Ficamos, ao mesmo tempo, duelando entre a escalada da térmica em que nos encontramos e a ansiedade de pegarmos outra térmica. Por vezes, esquecemos de investir energia naquilo que estamos fazendo e dedicamos tempo àquilo que está por vir. Isso quando não investimos grande parte do nosso tempo contando aos outros sobre as térmicas maravilhosas que escalamos no passado.

O maior desafio dos atletas corporativos está ligado à capacidade de manter o foco e a motivação no presente sem perder a conexão com o cenário futuro. Saber a hora de explorar ao máximo aquela oportunidade sem criar vínculo ou apego. Compreender seu ciclo, seu *timing* e sua dinâmica para poder abandonar a térmica no momento propício e, assim, posicionar-se no lugar certo e na hora exata a fim de escalar a próxima térmica. A vida tem um ritmo, uma marcação que, às vezes, é mais acelerada e, em outros momentos, mais lenta. Quando entendemos o ritmo dos ciclos térmicos e conseguimos nos posicionar dentro deles, nesse momento tiramos o máximo proveito da vida. As oportunidades passam a ser uma constante em nossa trajetória porque estamos navegando no caminho certo com a atitude correta. Trata-se de um movimento que segue a lógica: pegar a térmica, escalar com determinação, abandonar a atual com desapego e partir rumo à próxima térmica com atitude empreendedora. E, mais uma vez, repetir o mesmo ciclo e prosseguir na jornada até a quebra do próprio recorde pessoal.

Voar longas distâncias significa abandonar muitas térmicas no caminho e encontrar tantas outras. Ninguém bate recordes escalando apenas uma térmica. Você pode ficar alto naquela térmica, inclusive mais alto que os demais atletas, mas isso não garante que vai voar mais longe do que eles. Voar longas distâncias requer equilíbrio na gestão do passado-presente-futuro, como veremos no capítulo a seguir.

CAPÍTULO 3

Passado × Presente × Futuro: Linha de Nuvens

Todos os que pretendem predizer ou prever o futuro são impostores, pois o futuro não está escrito em parte alguma, ele está por fazer... o futuro é múltiplo e incerto.

Michel Godet

A valiar preliminarmente o ambiente é uma habilidade imprescindível na tomada de decisão, mas, quando se trata da relação entre passado, presente e futuro, essa habilidade se torna tanto mais preciosa quanto mais complexa. Não é objetivo, aqui, discorrer sobre a impossibilidade de prever o futuro ou as formas de tentar controlar o porvir. Contudo, projetar os cenários futuros é obrigação de qualquer empreendedor e, para tanto, algumas reflexões podem ser úteis. O dilema enfrentado entre o agora e o depois, entre a antecipação ou a postergação e entre a satisfação imediata ou a perspectiva de um amanhã melhor, é uma realidade empresarial com influências significativas e se relaciona com o valor dado ao futuro. Uma criança não quer esperar para ter mais depois; agora é o único tempo que ela admite. Teoricamente os adultos deveriam ter atitudes distintas, mais apropriadas e com maior tolerância, porém nem sempre é assim.

Submetidas à tirania da satisfação imediata, as pessoas se comportam como crianças, não suportando a espera. Isso tem

84 Empreendedorismo: decolando para o futuro

relação com o valor dado ao presente e ao futuro. De acordo com Eduardo Giannetti, para abrir mão de algo que pode ser usufruído imediatamente, é necessário haver uma recompensa, e não muito distante no tempo: "Um pássaro na mão ou dois daqui a certo tempo? (...) a resposta dependerá do *grau de impaciência* de quem escolhe e do intervalo entre as duas opções (quanto tempo dura o 'certo tempo'?) (...) Quanto menos próximo o momento de desfrutar a prenda, maiores terão de ser os juros – o valor da recompensa adicional esperada – necessários para se abrir mão da preferência por *menos antes*."[1] Para um empreendedor competente, a relação com o tempo deverá estar além das recompensas imediatas, e sua capacidade de espera no nível adequado precisa ser um hábito constante.

Mas por que tanta preocupação com o futuro? Porque o tempo é um ativo escasso e o mundo do trabalho limita, em larga escala, o livre-arbítrio sobre seu uso. Portanto, aproveitar ao máximo as oportunidades é uma forma de valorizar o tempo e de transformar os voos no ambiente corporativo em momentos proveitosos e eficazes.

3.1 LINHA DE NUVENS

"Abandonar uma linha de nuvem na busca de uma nova linha requer desprendimento, já que essa mudança quase sempre resulta em perda de altitude no curto prazo."

Segundo Prahalad, a competição pelo futuro é uma disputa pela criação e o domínio das oportunidades emergentes – pela posse do novo espaço competitivo. Criar o futuro é um desafio

---

[1] GIANNETTI, Eduardo. *O valor do amanhã*. São Paulo: Companhia das Letras, 2005.

maior que, simplesmente, acompanhá-lo. Abrir o caminho é muito mais recompensador do que seguir estradas já trilhadas pelos outros. No entanto, os riscos são muito maiores. Estamos no limite de outra era de mudanças. Estamos à beira de um precipício tão profundo quanto o que deu origem à indústria moderna. A revolução genética, robótica, ambiental e, acima de tudo, a revolução da informação vão modificar nossa forma de ver, sentir e compreender o mundo. Muitas dessas megaoportunidades representam bilhões em possíveis receitas futuras.

Dentro de um mercado existente, a maioria das regras de competição já foi estabelecida: a política de preço, os canais que se mostraram mais eficientes, as embalagens etc. Contudo, em arenas de oportunidades emergentes, as regras ainda precisam ser escritas, o que complica muito a escolha de opções estratégicas. A competição pelo futuro foca muito mais a participação nas oportunidades, e menos a participação no mercado. O voo livre nos ensina muito no tocante a esse aspecto, já que navegamos em um ambiente repleto de mudanças, em que o piloto é obrigado a decifrar os sinais do mercado a fim de se posicionar no ambiente futuro. Seguir as linhas de nuvens e compreender seu impacto no futuro, esses, provavelmente, são dois ensinamentos relevantes dessa metáfora com o mundo corporativo.

A natureza se organiza de forma caótica, mas, nesse caos, existe uma lógica a ser seguida. O escritor Dennis Pagen apresenta as várias formações de nuvens, e uma configuração, em especial, chama a atenção: em decorrência dos ventos, as nuvens se formam em linhas paralelas. Essas linhas são estradas a serem seguidas pelos pilotos que buscam percorrer longas distâncias. Da mesma forma, um empreendedor precisa compreender a lógica do mercado para obter vantagem competitiva. Podemos considerar que as linhas de nuvens são como as tendências de mercado: quando o empreendedor as compreende e navega na linha adequada, fica na zona ascendente. No entanto, empreendedores que não percebem os sinais da natureza dos mercados e navegam entre as linhas ficarão posicionados na zona descendente. Devemos sempre compreender quais são as tendências e a direção e quem são os maiores *players*, a fim de nos posicionarmos no melhor local da zona ascendente.

Muitos pilotos se fixam no cenário presente e se esquecem de que o céu está em profunda transformação. Por isso, não importa o cenário que se apresente naquele dado instante; apenas a configuração daquelas nuvens dentro de alguns minutos ou horas. Ninguém voa parado, apenas em movimento. Por isso devemos projetar um cenário futuro para que possamos nos posicionar. Muitos estudiosos dizem que projetar cenários é perda de tempo, por se tratar de um exercício de "achismo". Em parte, eles têm razão, já que o futuro é incerto e imprevisível, mas é fundamental que o empresário construa em sua mente uma imagem desse futuro, a fim de tomar decisões estratégicas relevantes. O processo decisório exige uma dose de previsão; caso contrário, deixamos tudo por conta do acaso e ficamos reféns do destino. Aqui cabe a máxima: se você não sabe para onde vai, qualquer lugar serve.

Em voos de longa distância, o piloto toma decisões difíceis, como, por exemplo, escolher qual linha de nuvem deverá seguir. Uma decisão equivocada pode gerar o fim da viagem. Portanto, mais uma vez, deve-se utilizar a arte de observar atentamente, procurando identificar ciclos que nascem e ciclos que morrem. Nuvens com base escura e crescimento vertical no formato piramidal demonstram atividade térmica. Nuvens ralas, por sua vez, com formato irregular e se desfazendo, apontam para o fim de um ciclo. Warren Buffett é um dos investidores mais respeitáveis da atualidade e um dos homens mais ricos do mundo. Sua capacidade de compreender os sinais do mercado financeiro e o surgimento dos novos ciclos especulativos é impressionante. Ele pula de uma linha de nuvem para outra de acordo com o cenário futuro percebido; com isso, consegue estar no lugar e na hora certa. É como se soubesse onde vai brotar uma "térmica" forte que o levará às nuvens. Devido a seu círculo de relacionamento e lobby, muitas vezes tem acesso a informações privilegiadas, mas nem sempre. Muitas vezes toma decisões financeiras com base em análise precisa do mercado e consegue perceber as nuances e sutilezas contidas nas flutuações do mercado acionário.

Quando se é especialista no mercado financeiro e se resolve mudar de instituição, está se seguindo a mesma linha. Se for um executivo de multinacional que resolve mudar de empresa, também estará seguindo a mesma linha. O grande desafio da navegação é mudar de linha, mas uma mudança desse tipo requer grande cautela. Considere as três histórias a seguir. Na primeira, um executivo de uma multinacional fez carreira brilhante no mundo corporativo. Começou como analista e atingiu o cargo de diretor com perspectivas internacionais. No entanto, está desmotivado com as pressões políticas da empresa e a falta de

88 Empreendedorismo: decolando para o futuro

tempo para passar com a família. Nesse instante, resolve abrir um negócio próprio, ser microempresário.

A segunda história é de uma mulher que trabalha em uma empresa familiar e se dá conta da instabilidade em seu emprego. Decide investir um ano estudando para um concurso público que oferece maior grau de segurança e um interessante salário inicial. No entanto, afastar-se do mercado de trabalho pode ser algo delicado.

A terceira história é de um jovem recém-formado que faz estágio em uma empresa de engenharia e, quando se forma, é efetivado. Nesse instante, resolve abandonar seu plano de carreira para se tornar um empreendedor, abrindo um clube de investimento com amigos da universidade. O objetivo é viver como investidor profissional.

O eixo comum nas três histórias é o fato de que os personagens envolvidos passarão por um momento de transição. Abandonar uma linha de nuvem, em busca de uma nova linha, requer desprendimento, já que essa mudança, com frequência, resulta em perda de altitude no curto prazo. Abrir um negócio, investir um ou mais anos em capacitação, ou mesmo abandonar uma carreira bem-sucedida, tudo isso requer grande dose de bom-senso. Quando abandonamos uma nuvem para seguir outro caminho, devemos fazê-lo com convicção e, em geral, a melhor tirada não é em diagonal, como muitos pensam. Aquela em que você, aos poucos, faz a transição, mantendo a renda anterior e desenvolvendo a nova. Segundo a teoria do quadrado formulada pelo piloto de asa-delta Fábio Nunes, a melhor opção é um trajeto de 90 graus em relação ao quadrante do vento. O que significa dizer que mudanças lentas no curso de ação fazem o piloto perder tempo, foco e, muitas vezes, permanecer mais tempo na zona descendente que existe no meio do caminho. Se a mudança é necessária, o processo de tomada de decisão não pode ser lento. É importante notar que decisão e atitude devem

Passado × Presente × Futuro: Linha de Nuvens **89**

caminhar juntas. Muitos executivos decidem, mas não agem. *Tirar* com foco, determinação e convicção faz você chegar mais rápido e de forma mais eficiente em sua nova linha de nuvem. Navegar em linha de nuvem é mais eficiente, já que o piloto, atleta corporativo ou empresário se beneficia das correntes ascendentes geradas pelo mercado. Devemos mudar de linha em último caso, pois, durante o período de transição, perdemos altura. Em relação ao mundo corporativo, mudanças de linha geram redução de caixa. Mas, se a mudança de linha for fundamental para a continuidade do voo, então essa transição deverá ser realizada, desde que o piloto tenha altitude suficiente para chegar à outra linha. Por exemplo, se tiver caixa para fazer a tirada, então deve fazê-la com atitude empreendedora e convicção. Estamos falando de uma guinada de 90 graus rumo à nova linha. Em outras palavras, quando identificamos uma tendência, devemos fazer algumas perguntas: Essa nova tendência é superior à linha em que estamos navegando? Será melhor no futuro? Temos competência para navegar nessa nova tendência? Temos caixa suficiente para empreender nessa nova linha emergente?

Se a resposta for sim a todas essas perguntas, então é hora de fazer a "tirada". É importante impedir que o medo e a insegurança congelem sua decisão de mudar de linha. Muitas vezes, é a mudança de linha que vai garantir que seu voo seja mais longo e promissor no futuro. E, uma vez que você tenha tomado a decisão de tirar. Tenha concentração, determinação e uma boa dose de otimismo. Em um mundo de incertezas, só sobrevivem os otimistas.

Entretanto, no mundo corporativo não é regra infalível que uma tirada de 90 graus seja a única alternativa para uma mudança de cenário e de carreira profissional. Muitas pessoas não conseguirão fazer uma tirada brusca, e isso não está relacionado à competência. Para muitos, decisões mais radicais são intoleráveis, pois as pessoas se apegam às situações que geram um nível

90 Empreendedorismo: decolando para o futuro

maior de segurança. Por outro lado, não estão impedidas de realizar mudanças; apenas o tempo e o percurso serão diferentes daquele empreendedor mais arrojado.

Na estrada das nuvens, o tempo futuro é dinheiro?

Considerar que as nuvens têm a configuração de uma estrada implica quebrar paradigmas. Afinal, estrada não é no chão? Para a maioria, estrada é algo muito concreto e palpável, como um bom e velho caminho de chão batido. Mas é um desafio refletir sobre os significados de uma estrada: "Trata-se de um processo de desenvolvimento" e "Tudo o que conduz de um ponto a outro". Portanto, podemos pensar nas nuvens como estradas de oportunidades, de melhorias e de aperfeiçoamentos. Nuvens ultrapassam em muito a imaginação dos "floquinhos de algodão"; são verdadeiras balizas que direcionam pilotos durante a arte mágica de transformar altitude em distância.

Se as nuvens conduzem os pilotos a um futuro próximo, a preocupação dos atletas corporativos com o amanhã não é menos importante. Empreendedores e executivos buscam a melhor forma de encontrar estradas que os levem do presente para o futuro. Mas como medir a importância do tempo? Quantas vezes ouvimos a máxima "Tempo é dinheiro"? Antes de tudo, tempo é vida. E, se passamos muitas horas de nossa vida trabalhando para ter como recompensa o dinheiro, é primordial que sejamos estratégicos para que nossa troca do tempo de vida por dinheiro seja ética, eficaz e prazerosa. A ingenuidade pode ser uma moeda cara, então não podemos lançar mão do pensamento romântico ao lidarmos com a gestão do tempo. Na unidade de tempo convencionado de 24 horas, somos restringidos pelas formalidades do cotidiano – trabalhar, cuidar de filhos, dar atenção ao cônjuge, estudar, fazer exercícios etc. – e pelas funções vitais – dormir e comer. Não somos senhores de nosso tempo integralmente; temos a gerência apenas sobre uma fatia dele. Diferentemente do dinheiro, o tempo não pode ser acumulado, não pode ser trocado nem transacionado. Ainda que sejamos compelidos a utilizar o tempo sempre com muita eficácia, "o uso racional do tempo seria aquele que maximiza a utilidade ou a satisfação a cada hora do dia, tendo em vista todas as alternativas de emprego daquela mesma hora (...) tanto o ócio como o negócio têm sua hora".[2] Portanto, associar estreitamente tempo e dinheiro pode ser um caminho nocivo e que acabaria por impedir que pudéssemos aproveitar momentos de nossa vida sem que estivéssemos medindo em dinheiro, ou fazendo uma contabilidade monetária. Ainda assim, estamos inseridos em um contexto mercadológico, e precisamos tanto nos refugiar em nossas ilhas de renovação e nossos refúgios afetivos quanto nos preparar para enfrentar o futuro com ou sem turbulências.

3.2 VOANDO EM TEMPOS DE CRISE

A teoria sistêmica define crise como a perturbação temporária dos mecanismos de regulação de um sistema, de um indivíduo ou de um grupo. Crise é uma descontinuidade da ordem anterior, um momento de quebra entre o antigo e o novo. Um período de transição que dá espaço a uma nova dinâmica de mercado.

O mundo passou, no último milênio, por um acelerado processo de mudança, fruto de grandes crises que abalaram os mercados. Entre elas, podemos citar: a Primeira Guerra Mundial, a crise de 1929, a Segunda Guerra Mundial, o fim do

---

[2] GIANNETTI, Eduardo. *O valor do amanhã*. São Paulo: Companhia das Letras, 2005.

92 Empreendedorismo: decolando para o futuro

padrão do ouro em 1971, o embargo do petróleo em 1973, durante a guerra árabe-israelense, a Revolução Iraniana em 1974, a invasão iraquiana ao Irã em 1980, a Segunda-Feira Negra em 1987, a crise dos mercados asiáticos em 1997, a Crise da Rússia em 1998, a crise das empresas pontocom em 2000, o ataque às Torres Gêmeas em 11 de setembro de 2001, a crise das hipotecas em 2008 e a crise dos países europeus em 2009 e 2010. Todos esses eventos geraram uma nova ordem mundial, uma nova forma de ver o mundo, e exigiram dos empreendedores alto grau de adaptabilidade. Mudar não só é preciso, como também necessário para a sobrevivência em mercados dinâmicos.

No voo livre, essa descontinuidade decorre de alguns fatores externos, como o vento, a influência marítima, as massas de ar quente e/ou fria, o relevo ou qualquer elemento que influencie a dinâmica existente. Diante de uma mudança no cenário, muitos pilotos ficam inertes. Se houver um grupo de pilotos seguindo uma linha de nuvem e, em dado momento, ela ficar descontinuada e der espaço para um céu azul que não aponta para nenhuma térmica, então é comum que o grupo fique parado sem ação diante do novo cenário. Mais comum ainda é o efeito manada que toma conta das pessoas em tempos de crise. Há uma enorme carência por liderança e, quando ela surge, todos seguem aquele caminho, sem questionar se é uma liderança boa – positiva – ou ruim – negativa.

É preciso, neste momento, entender que ter atitude é importante em tempos de crise, mas essa atitude deve estar atrelada a um alto grau de percepção do cenário. Lembramos sempre que a natureza dos mercados está a todo instante se comunicando, portanto cabe ao empreendedor escutá-la com atenção antes de tomar a decisão do caminho a ser seguido. A figura a seguir apresenta um modelo que explica melhor o equilíbrio necessário entre atitude/percepção.

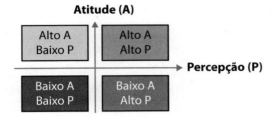

Imagine um grupo de 15 pilotos voando na Itália em um dia aparentemente calmo e tranquilo. No entanto, ao longo do dia, as nuvens mudam de forma, e uma delas se transforma em um perigoso *cumulus nimbus*, mais conhecido como CB, ou seja, uma nuvem que provoca tempestades, trazendo raios, trovões, chuva, granizo e fortes ventos.

Um grupo de pilotos com baixa percepção e baixa atitude não percebeu a aproximação da tempestade – e, mesmo que percebesse, levaria um tempo relativamente longo para tomar a atitude de pousar. Após serem sugados pela nuvem, foram levados a altitudes congelantes, tiveram suas asas destruídas e faleceram.

Os pilotos que possuem alto grau de atitude e baixo grau de percepção, não compreenderam que aquela nuvem era um *cumulus nimbus* perigoso, com fortes ventos. Diante da falta de percepção, esses pilotos voaram na direção da nuvem, já que possuíam alto grau de atitude. O mesmo destino – morte – coube aos pilotos desse quadrante.

Os pilotos com alto grau de percepção e baixo grau de atitude, perceberam a chegada da nuvem, mas levaram muito tempo para tomar a decisão de pousar. Faltaram atitude e senso de urgência, ingredientes fundamentais para salvar vidas em tempos de crise. Também sofreram as consequências da falta de atitude.

Por fim, os pilotos com alto grau de percepção e atitude rapidamente perceberam que aquela nuvem era um indício genuíno

94 Empreendedorismo: decolando para o futuro

de tempestade e, por isso, pousaram com urgência em um local descampado e seguro.

Essa história ocorreu em um domingo de sol, no dia 24 de agosto de 1988, no Monte Cornizzolo, Itália, no Lago de Como, onde cinco pilotos perderam a vida voando e outros dois não suportaram os ferimentos e tiverem o mesmo fim. Alguns ficaram com ferimentos graves, como amputação de dedos e braços, devido à baixa temperatura dentro da nuvem, que os levou a mais de 8 mil metros de altitude. Um grupo de apenas cinco pilotos pousou com atitude quando percebeu a chegada da nuvem CB. Em tempos de crise, é importante ter alto grau de percepção e alto grau de atitude. E também saber a hora de sair do mercado para retornar em outro momento.

Crise ou risco?

Considerando que crise e risco têm em comum a tensão e um perigo iminente, vamos tomar a crise como uma posição de risco. Em determinadas condições, tememos arriscar, mas vale a pena observar que não agimos de forma indistinta. Em uma mesma situação, somos mais adversos ao risco se percebermos uma perda e mais expostos ao risco se imaginarmos uma possibilidade de ganho. Isso é um desvio de racionalidade, pois o risco é sempre o mesmo, mas nossa percepção muda, dependendo da forma como ele é apresentado. Tudo depende da perspectiva que tomamos. No caso dos pilotos que voavam no Monte Cornizzolo, a perspectiva de cada um fez toda a diferença na atitude tomada.

O mesmo ocorre no mundo corporativo, onde o ponto de referência de um executivo determinará o resultado alcançado. Se o problema estiver estruturado "positivamente", o atleta corporativo tenderá a evitar o risco, mas, se o mesmo problema estiver estruturado de modo negativo, ele tenderá a se expor ao risco. É incrível constatar como a mente da maioria prega peças que sequer são percebidas. As pessoas estão mais propensas a evitar o risco de ganhar e a aceitar a possibilidade de perder. Isso explica por que milhões de seres humanos não se preocupam, por exemplo, com gastos em produtos sem a menor importância e ficam apreensivos diante dos investimentos financeiros que podem render muito dinheiro: "Tomadores de decisão tendem a evitar riscos referentes a ganhos e expor-se a riscos referentes a perdas."[3] Mas como se proteger disso tudo? Fundamentalmente, sabendo qual é o ponto de partida, qual é a perspectiva que norteia sua escolha.

3.3 A FORÇA DAS ESCOLHAS

Cotidianamente, nos deparamos com a possibilidade de escolher como será a sequência de nosso dia e o restante de nossa vida. Com certeza, estamos sujeitos a inúmeras intercorrências e imprevistos, mas a forma como lidamos com as situações adversas pode ser eleita. As escolhas determinam as decisões e direcionam o rumo profissional e pessoal: "Não somos impotentes para escolher nossas condições de vida e de trabalho; temos realmente escolhas, e elas representam o segredo de nossa força; a disposição de praticar nossas escolhas constitui a fonte de energia de liderança."[4] Mas como saber se estamos escolhendo a coisa certa, no tempo certo?

---

[3] BAZERMAN, Max. *Processo decisório: para cursos de administração e economia.* 5ª ed. Rio de Janeiro: Campus/Elsevier, 2004.
[4] LEIDER, Richard J. A suprema tarefa da liderança: a autoliderança. In HESSEL-BEIN, Frances et al. *O líder do futuro: estratégias e práticas para uma nova era.* 2ª ed. São Paulo: Futura, 1996.

96 Empreendedorismo: decolando para o futuro

3.3.1 Prematuridade ou posterioridade nas escolhas

A dúvida entre estar antecipado ou atrasado leva os empreendedores a tomarem decisões sob pressão, o que nem sempre gera resultados positivos. Quando a prematuridade surge, a sensação é de que ainda não se está preparado, ou seja, há certa defasagem entre o tempo e o preparo. Vamos imaginar um piloto que, após saltar de asa-delta, acredita que está despreparado. Ele não pode, a partir de determinado ponto, se "arrepender" ou "só depois" perceber que o momento não era o adequado, pois isso pode custar-lhe a vida. O descompasso entre uma escolha e o preparo insuficiente pode levar a fracassos profissionais. Quando a pressão leva à precocidade, significa que o empreendedor não conseguiu dizer não, seja aos outros, seja a si mesmo, quando deveria tê-lo feito.

Já a posteridade pode significar que o atleta corporativo está deixando de agir no tempo certo. Vale ressaltar que, quando uma pessoa não consegue agir e protela, constantemente, suas decisões, está presa a uma engrenagem mental que a paralisa: "O repetir vem no lugar de uma interpretação fracassada."[5] Voltamos à mesma cena: um piloto espera muito para saltar e perde o tempo certo. O que pode acontecer com ele? O que ocorre se uma empresa demorar muito para lançar um produto cuja demanda é premente? Escolher no tempo certo é uma arte que deve ser desenvolvida por qualquer atleta corporativo que queira ter sucesso e deseje decolar na hora certa.

A tensão entre o que sabemos e aquilo que queremos é também gerada pela dimensão do tempo. O tempo, além de cronológico, é lógico, ou seja, subjetivo. Todos temos prazos a serem cumpridos, decisões concretas a serem tomadas, mas, para o

---

[5] COSTA, Ana Maria M. *A ficção do si mesmo: interpretação e ato em psicanálise*. Rio de Janeiro: Companhia de Freud, 1998.

psiquismo, o tempo segue outra lógica. Quando o tempo lógico e o cronológico estão muito distantes um do outro, o *gap* entre ambos gera muitos conflitos. Caso aquilo que o mercado espera de um profissional e a condição técnica e psicológica desse mesmo profissional estejam em desarmonia, a incerteza será um grande problema a ser resolvido pelo empreendedor.

3.4 O ATLETA CORPORATIVO MOTIVADO

Para que, no futuro, você seja um grande competidor, no presente precisa ser disciplinado e motivado. Desalojar-se de uma condição cômoda e pagar o preço tem como recompensa futura a satisfação das metas alcançadas e a superação dos obstáculos. E, assim como um atleta precisa fazer escolhas no presente para premiações no futuro, um empreendedor, um executivo, ou seja, um atleta corporativo também necessita abrir mão de gratificações imediatas para obter satisfações mais adiante. Porém, essa tarefa não é fácil ou simples: "Abstrair o aqui e agora significa habitar em *pensamento o que não é*: interiorizar-se."[6] Interiorizar-se passa por descobrir qual é o desejo, isto é, o que faz a vida ser mais que um simples ato de sobreviver. Qual é o voo que cada um deseja realizar? Quais são os saltos e as rampas que deverão ser percorridas, para que, no momento do pouso final, todos nós tenhamos certeza de que escolhemos os melhores caminhos?

Com certeza, a acomodação não é uma boa companheira de viagem, muito embora o descanso, o ócio e a tranquilidade devam fazer parte de nossas escolhas. Uma acomodação é um alojamento, e alojamentos podem ser perigosos, pois, embora

---

[6] GIANNETTI, Eduardo. *O valor do amanhã*. São Paulo: Companhia das Letras, 2005.

sejam temporários, podem tornar-se moradas permanentes. É o caso de muitos profissionais que almejam ocupar uma posição mais elevada, começam com algo menor, mas se instalam para sempre em lugares que não lhes dão prazer, ou ainda, interromperam o planejamento e voaram para qualquer lado. Por isso é importante notar que não há repouso em ser um atleta corporativo. Todos estão em constante transformação e são eles que promovem o elo entre o passado e o futuro das organizações; são como escadas que ligam terra e céu. Por isso não ficam parados, não fazem da escada a morada e seguem subindo em voos cada vez mais altos.

O grande desafio em seguir aumentando gradualmente nossa zona de conforto é que, em dado momento, encontramos nosso limite. E esse encontro nem sempre é agradável e prazeroso. Afinal, existe uma linha tênue que divide a zona de segurança. Essa linha tênue será abordada no próximo capítulo: Gerenciando os riscos.

CAPÍTULO 4

Gerenciando os Riscos

Você nunca floresce na segurança; apenas na insegurança. Se você começa a obter segurança, torna-se uma água parada. Então, sua energia não está mais circulando... a vida só floresce quando há risco.

Osho[1]

N ão existe vida sem risco. Cada dia reserva uma dose de surpresa, boa ou ruim, e somos convocados a nos posicionar diante dos fatos que nos cercam. Sempre escolhemos, mesmo quando não tomamos atitude alguma, e nossas decisões aumentam ou diminuem os riscos que corremos.

Por mais que tentemos controlar as situações, não temos a capacidade de mensurar tudo – e é isso que nos faz humanos, as falhas, as incertezas e os riscos. Uma vida extremamente segura aprisiona o indivíduo nos mesmos paradigmas, rotinas, pensamentos e emoções. A ousadia pode ser audácia, mas é também arrojo e coragem. Ou ficamos olhando os voos alheios, imaginariamente seguros no solo, ou temos a coragem de voar percorrendo distâncias que façam nosso coração pulsar e nossa mente ter a certeza de que a vida vale a pena. Como tudo tem um preço e, de uma forma ou de outra, pagamos por nossas escolhas, será que não vale arriscar?

---

[1] OSHO. *A flauta nos lábios de Deus: o significado oculto dos Evangelhos*. Campinas, São Paulo: Versus, 2010.

100 Empreendedorismo: decolando para o futuro

Se nos protegemos demais do fracasso, também corremos o risco de obter o insucesso. Quando tentamos evitar que os filhos sofram, muitas vezes cometemos o erro de impedir que eles passem pelas experiências necessárias; quando adiamos infinitamente mudanças de trabalho ou de carreira, aprisionamo-nos àquilo que não nos faz felizes; quando nos sentimos inseguros diante do lançamento de uma linha de produtos, não consentimos que a empresa cresça e, quando nos mantemos presos ao medo demasiado, fixamo-nos na rampa de decolagem. Ficamos ali apreciando e querendo o voo, mas agarrados à falta de coragem para nos lançarmos com ousadia e lidarmos com as incertezas e também com as recompensas que o caminho das nuvens da vida oferece a cada um de nós.

Como nossa intenção não é fazer apologia ao risco, tampouco estimular o conformismo, vamos aprofundar o tema, na tentativa de auxiliar a análise do "risco de cada um". E, embora ao escrevermos este livro, soubéssemos do risco que corríamos, contávamos com a recompensa do trajeto voado enquanto escrevíamos. Voe conosco e corra o risco de ampliar seu conhecimento, assim como ampliamos o nosso para lhe garantir um voo seguro e fascinante, ao mesmo tempo.

4.1 O RISCO DE CADA UM[2]

Risco é o que torna a vida mais saborosa e desafiadora, portanto é algo subjetivo. Saltar de asa-delta pode ser uma banalidade ou uma "loucura", dependendo de quem está analisando a situação. Para um piloto de competição, é uma prática cotidiana; para nossas tias de 70 anos, é a maior maluquice. Uma coisa é certa: quem voa de asa-delta vai assumir algum grau de

---

[2] Subtítulo inspirado no livro homônimo de Jurandir Freire Costa.

Gerenciando os Riscos **101**

risco pelo simples fato de sair do terreno no qual se encontra em segurança e partir para o ar, onde as variáveis externas interferem na navegação. A todo instante, o voador lida com ganhos e perdas de altura ao percorrer longas distâncias, portanto deve gerenciar os riscos que surgem na jornada. O mesmo ocorre com os empreendedores. Interessante notar que risco não é a mesma coisa para todo mundo – observe que a própria definição de risco[3] oscila.

A etimologia define risco como perigo ou possibilidade de perigo, de perda ou de responsabilidade pelo dano. Risco, em filosofia, é o aspecto negativo da possibilidade, ou seja, é o poder "não ser". Aristóteles considerava o risco a aproximação daquilo que é terrível, enquanto Platão definia como algo belo e inerente à aceitação de certas hipóteses ou crenças.

A ambiguidade do termo se reflete, inclusive, na economia, que define risco como uma situação em que, ao se partir de determinado conjunto de ações, vários resultados são possíveis e as probabilidades de cada evento são conhecidas. Quando essas possibilidades são desconhecidas, a situação é chamada de incerteza. É também a condição de um investidor perder ou ganhar dinheiro. Os juros ou o lucro são explicados como recompensas recebidas pelo investidor por assumir determinado risco de incerteza. É interessante perceber que o risco também está ligado ao impedimento de algo bom, ou seja, a prudência pode evitar conquistas positivas. Uma máxima do mercado financeiro demonstra exatamente isso quando um investidor extremamente conservador resiste em fazer algumas operações mais voláteis: "a menos que você tenha pais ricos, a única maneira de sair da pobreza – sua única esperança – é submeter-se a riscos".[4]

---

[3] Os significados foram retirados dos dicionários de etimologia, filosofia, economia, finanças e de português.

[4] GUNTHER, Max. *Os axiomas de Zurique*. 12ª ed. Rio de Janeiro: Record, 2004.

102 Empreendedorismo: decolando para o futuro

Mas, como é uma moeda de duas faces, risco também é a probabilidade de insucesso e de malogro. Para o sistema bancário, risco é a possibilidade de perda de dinheiro em um investimento, por conta de eventos imprevisíveis, alterando o valor de bens, créditos e patrimônio. Assim, podemos concordar com Max Gunther quando nos provoca com suas palavras: "Assumir riscos implica a possibilidade de perda, em vez de ganho. Ao especular com seu dinheiro, você se arrisca a perdê-lo... Mas veja as coisas por outro ângulo: um assalariado comum, perseguido pelo imposto de renda e arrasado pela inflação, por sua situação financeira, de qualquer forma já é uma droga. Então, que diferença faz, realmente, se ele ficar um pouquinho mais pobre, na tentativa de se tornar rico?"[5] Mesmo que alguém discorde disso, não pode deixar de pensar que inúmeras pessoas têm apego à segurança e, paradoxalmente, a segurança também gera risco nas decisões tomadas.

4.2 OS NÍVEIS DE RISCO

Inúmeras iniciativas privadas ou públicas de segurança aplicadas, desde a prática de voo livre, passando pelo trânsito até chegar à saúde, mostram-se insuficientes, pelo fato de não influenciar a vontade das pessoas em correr risco. Há uma grande diferença entre desconhecer e negar. A negação – consciente ou inconsciente – interfere muito mais que o desconhecimento. Isso só ocorre porque o ser humano aceita correr um nível de risco, ainda que não perceba. Há uma variação nesse nível que oscila de acordo com a subjetividade – individualidade – de cada um.

Mais uma vez, deparamos com a questão do autoconhecimento, ou seja, quanto maior for o nível de entendimento que

---

[5] Idem.

cada um possui sobre si mesmo, mais chances tem de "se proteger" quando for necessário. Avaliar qual é o nível de risco que você corre, e em quais áreas de sua vida, é o primeiro grande passo para evitar situações em que os resultados poderão ser desastrosos ou comprometedores. Por exemplo, foi veiculado na mídia que um piloto de voo livre, logo após a decolagem, se desprendeu e caiu da asa. O que, de fato, ocorreu foi que ele saltou sem verificar de forma adequada os equipamentos e os procedimentos: ele não se prendera à asa. Algo muito básico. Mas por que consequências negativas decorrem, muitas vezes, de atos banais ou simples? Porque, quando a mente "relaxa", o sujeito se descuida – pela sensação de segurança –, e a tendência a correr risco entra em cena.

Ninguém irá passar por qualquer situação perigosa deliberadamente. Não encontramos pessoas dizendo "vou fazer isso ou aquilo para me dar mal". Mesmo quando é evidente para os outros que o resultado será catastrófico, para o próprio sujeito a situação parece estar sob controle. A visão que a pessoa tem está distorcida; ela *nega* a realidade para justificar sua escolha. Portanto, apenas nossa consciência e avaliação não se mostram suficientes para garantir que estaremos protegidos. Precisamos de balizas que sinalizem quais são os limites, verdadeiramente, plausíveis de segurança. E, depois de encontrarmos os marcos de segurança externos, temos de aceitá-los, independentemente de nossa vontade ou crença. Não se trata de conformismo, mas de respeito ao limite de risco, e, como o limite não é universal, "não iremos parar todos no mesmo ponto". Por exemplo, quando um piloto de asa-delta escolhe um ponto de pouso, ele tem – ou deve ter – em mente tanto a qualidade de seu equipamento e das condições climáticas quanto a própria condição física e técnica que possui. Respeitado isso, vemos pilotos pousarem em pontos diferentes e em tempos distintos, mas não podemos esquecer que a mente é ardilosa e sempre constrói

104 Empreendedorismo: decolando para o futuro

subterfúgios para driblar a consciência e a razão, principalmente quando a emoção do risco entra em cena. Dessa forma, entre estar diante de um nível aceitável de risco e ter uma atitude, por vezes de recuo, há um hiato enorme. Entre o nível que se pode aceitar de risco e a percepção desse risco, existem os afetos de um atleta corporativo ou esportivo, que poderão distorcer, para mais ou para menos, a realidade.

4.2.1 Nível aceitável *versus* Nível percebido

Não é possível generalizar um nível de risco como uma medida universal por diversas razões. Primeiro, porque é necessário avaliar qual é o tipo de risco em jogo: físico, financeiro, social, ético ou afetivo. Segundo, porque o conhecimento, os recursos e o preparo produzem performances diferentes. Por exemplo, o simples ato de correr pode ser extremamente arriscado para um sedentário e algo corriqueiro para um atleta profissional. E, por fim, a distinção entre o que é risco e aquilo que é percebido como risco não pode ser medida ou controlada, pois se trata de uma interpretação sujeita à percepção de cada um. Porém, é possível estabelecer um ponto comum, ou seja, uma referência em que todos podem basear-se.

Quando os benefícios esperados de um comportamento arriscado são altos e os custos envolvidos são vistos como baixos, há maior probabilidade de a pessoa banalizar (em seu pensamento) as consequências perigosas. Em outras palavras, quando um atleta acredita que obterá um resultado muito satisfatório e que o preço que irá pagar por isso (treinamento forçado, dietas rígidas, investimento financeiro, dedicação de tempo etc.) é baixo, poderá correr maior risco. O benefício justifica o risco: "'Nível aceito de risco' não deve ser compreendido como algo que implica que as pessoas se esforçam até certo nível de risco por sua própria conta.

Risco aceito (...) não é aquele que você escolheria."[6] Portanto, nível aceitável não é aquilo que se deseja, mas é o preço pago para atingir determinado objetivo, ou seja, é a tolerância diante das eventuais consequências. Essa decisão é tomada antes do ato em si e de acordo com o nível aceitável de risco de cada um.

Por outro lado, perceber o nível de risco é mais complexo, justamente por envolver a percepção e as conexões mentais. O aparelho psíquico é formado pelo consciente e o inconsciente,[7] e a avaliação do risco é feita apenas pelo primeiro registro. Conscientemente, é possível fazer uma avaliação objetiva e racional levando-se em conta dados, estatísticas, números, exemplos, depoimentos, pesquisas e experiências. Nas experiências residem as portas que darão acesso ao inconsciente porque são marcas gravadas na mente; as chaves, por sua vez, são os afetos que desencadearão os atos posteriores. O que representa uma experiência pertence ao campo da subjetividade – por exemplo, saltar de asa–delta pode representar uma aventura, um desafio, uma superação ou uma impossibilidade. Para cada um dos significados, há uma equivalência, ou seja, quem acredita na impossibilidade de saltar de asa–delta nunca irá decolar. Por outro lado, para quem saltar de asa–delta é um desafio, voar poderá transformar-se em um esporte e assim por diante.

Dessa forma, o risco percebido é altamente influenciado pela subjetividade, não havendo uma verdade absoluta sobre o que é perigoso ou simplesmente um medo individual. Paralelamente, o nível percebido de risco é relativamente baixo quando a pessoa reúne as habilidades necessárias e mais alto quando ela duvida das próprias capacidades.

---

[6] WILDE, Gerald J. S. *O limite aceitável de risco: uma nova psicologia sobre segurança e saúde: o que funciona? o que não funciona? e por quê?* São Paulo: Casa do Psicólogo, 2005.

[7] A constituição do aparelho psíquico é estudada por Freud (primeira e segunda tópica), conforme encontramos em sua teoria. Mas, como não é objetivo deste estudo abordar essas questões, faremos referência apenas à noção de consciente e inconsciente.

4.2.2 "Viciados" em risco

Todos nós corremos risco diariamente ao enfrentarmos o trânsito nas estradas brasileiras, com o índice de acidentes estratosférico que conhecemos, colocamo-nos em perigo quando vamos jantar fora, por conta dos assaltos – dentro e fora dos restaurantes –, e estamos expostos, mesmo em casa, aos desastres naturais, hoje tão comuns em nosso país. No entanto, há diferença entre aqueles que medem as consequências dos atos e aqueles que buscam, deliberadamente, o risco.

Quando alguém se vê em situações arriscadas com relativa frequência, não é possível acreditar, ingenuamente, que o destino ou o azar estão "perseguindo" o sujeito. Um piloto que pratica pilotagem kamikaze, colocando-se, a todo instante, em situações difíceis, está aumentando a probabilidade de sofrer um acidente. Da mesma forma, alguém que não consegue gerenciar as finanças a não ser contraindo empréstimos e parcelamentos, e nunca rompe com o ciclo de endividamento, é um endividado ativo,[8] ou seja, a mente está aprisionada ao *gozo*[9] de ser um devedor. Um investidor do mercado de capitais que ignora a regra mais básica, que é "não colocar todos os ovos na mesma cesta", ou, mais claramente, "arrisca o dinheiro do uísque, jamais o do leite", está buscando o quê? Se todos sabem que o mercado é variável, vai subir, mas vai cair, e ninguém sabe quando e quanto, o que leva alguém a vender sua

---

[8] TOLOTTI, Márcia. *As armadilhas do consumo*. Rio de Janeiro: Campus/Elsevier, 2007.

[9] Cabe ressaltar o conceito em psicanálise de gozo, que é diferente de prazer. O prazer diminui a tensão do aparelho psíquico; o gozo não (não podemos confundir com a sensação do ato sexual, pois se refere à concepção conceitual). O gozo não é a satisfação de uma necessidade causada por algo que a preencheria; pelo contrário, o gozo está ligado à condição do ser humano de estar irredutivelmente marcado pela falta, e não pela plenitude. Portanto, quando nos referimos a gozo, estamos dizendo que as pessoas fazem coisas, repetidamente, mesmo que isso seja prejudicial a elas.

casa e aplicar tudo na bolsa? Qual é sua busca verdadeira? Qual é o *gozo* que se encontra por trás do risco?

Situações adversas acontecem, fazem parte da vida, mas, quando essas situações ocorrem com muita frequência, é fundamental ter em mente que o indivíduo as está provocando – consciente ou inconsciente. É um agir compulsivo que se efetua de maneira repetitiva ou quase mecânica, sem nenhuma satisfação prazerosa; apenas um agir. E é exatamente por esse mecanismo mental que muitas pessoas correm riscos financeiros, físicos, sociais, profissionais ou afetivos. A repetição mostra que há um vício instalado, isto é, a tendência persistente em algo ou alguma coisa caracteriza o vício.

Assim como a adição significa o consumo persistente de drogas, de medicamentos ou de substâncias psicoativas, de origem psíquica ou física, que causem dependência, também é a propensão a ter hábitos compulsivos, a se comportar de maneira singular e invariável, qualquer que seja a situação. Portanto, procurar situações limítrofes constantemente é ser um adicto – viciado em risco.

Vamos estabelecer uma linha divisória entre o risco calculado e aquele em que o que está em jogo é "tudo ou nada". Um empreendedor que passa por uma situação difícil de relacionamento com um superior centralizador, em que sua sobrevivência no emprego e seu crescimento profissional dependem do aumento de carteira de clientes, precisa correr o risco de tomar decisões de enfrentamento. Se ele não tomar decisões que surtam resultados positivos, perderá o emprego. Ao mesmo tempo, para um líder centralizador, iniciativas são vistas com certa desconfiança e, muitas vezes, são boicotadas. Nesse exemplo, o atleta corporativo precisa correr o risco de perder o emprego e mostrar todo o potencial de seu trabalho. O que seria calcular esse risco? Ter um plano B, estar preparado emocional e financeiramente para enfrentar uma possível demissão. O que seria um risco – severo – de tudo ou nada? Seria ele partir para

108 Empreendedorismo: decolando para o futuro

um enfrentamento pessoal, motivado por ressentimento, sem estratégias bem definidas e sem nenhuma reserva financeira. E isso representaria um suicídio financeiro e uma imaturidade profissional. Mas as situações de risco severo são bem mais comprometedoras que uma perda de emprego, pois envolvem desde uma falência até a perda da vida. As pessoas não fazem coisas "aproveitando" a ocasião, o momento ou a circunstância; elas fariam essas coisas de qualquer forma: "O sujeito não sabe o que está demonstrando, não reconhece o sentido/daquilo que faz/ (...) é precisamente um acesso de loucura, destinado a evitar uma angústia demasiadamente violenta... porque é algo impossível de dizer."[10] Todo risco tem um correspondente emocional e vale lembrar que também nos habituamos às emoções – mesmo às ruins. Quando se é viciado em algo, as doses vão aumentando paulatinamente. Vamos pensar num esporte em que a emoção é forte e boa: o indivíduo, primeiro, procura manter a emoção e, depois, aumentá-la. Quando isso envolve risco, a probabilidade é que esse risco aumente, por ser mais tolerável e, supostamente, mais controlável. Esquecer ou banalizar o efeito do risco é o que leva um profissional à bancarrota, atletas, aos acidentes, e motoristas, à morte.

4.3 OS TIPOS DE RISCO

Partindo do pressuposto de que o nível não é igual para todas as pessoas, cabe ressaltar que o tipo de risco também é distinto. Segundo estudiosos e, sobretudo, o especialista em psicologia de comportamento de risco Geraldo Wilde, é possível distinguir quatro tipos de risco: físico, financeiro, social e ético.[11]

---

[10] CHEMAMA, Roland e VANDERMERSCH, Bernard. *Dicionário de psicanálise*. São Leopoldo: Unisinos, 2007.

[11] Embora haja o risco afetivo, não trabalharemos esse item por não ser foco do presente trabalho.

4.3.1 Risco social

O risco social diz respeito aos atos que possam resultar em desaprovação dos grupos sociais a que pertencemos de um modo específico e à sociedade de uma forma mais ampla. Ambos geram algum grau de exclusão. Ser banido de um grupo, sofrer rechaço, perder espaço e/ou apoio e ter uma imagem degradada são algumas das consequências daqueles que se colocam em risco social. A degradação é um dos maiores riscos daqueles que se colocam em situações de tudo ou nada, de forma pública. Por exemplo, assumir compromissos que não podem ser cumpridos, comprometer outras pessoas e sofrer constrangimentos ou ter o nome associado a fatos condenáveis, em razão da assunção desse risco. Muitos atletas corporativos correm risco social sem perceber ou sem dar a atenção devida, ocasionando, por vezes, problemas éticos.

4.3.2 Risco ético

À parte toda riqueza conceitual existente em torno da noção e da prática da ética, se tomarmos como base que se refere à conduta humana e que estabelece os parâmetros do bem e do mal, em determinada época e sociedade, compreenderemos que risco ético é aquele que causa algum *mal* a outrem. Um comportamento em que o individualismo prevalece provavelmente é característico de uma pessoa pouco ética, no sentido da coletividade. Por outro lado, alguém muito prestativo pode ser ético do ponto de vista social, mas não respeitar o próprio desejo.[12] De qualquer forma, o risco ético pode estar ligado

---

[12] A psicanálise estuda profundamente a ética do desejo. Refere-se ao fato de o indivíduo não abrir mão do próprio desejo.

110 Empreendedorismo: decolando para o futuro

à culpa decorrente de atos realizados pelo indivíduo. Quando algumas pessoas ultrapassam limites aceitáveis por elas próprias, correm risco e rompem a barreira do suportável em termos de princípios e valores que lhes são importantes, e o resultado será traduzido em culpa. Obviamente, não são todos aqueles que, ao cometerem atos antiéticos, se culpabilizam; apenas quem tem os limites introjetados (objetivos e subjetivos).

4.3.3 Risco físico: um preço caro

Os instintos de preservação e de segurança são básicos à sobrevivência. Desde reações espontâneas, automáticas, até planos arquitetados, tudo é usado quando o foco é garantir a vida. Trata-se da pulsão de vida (Eros) vigorando sobre a pulsão de morte (Tânato). Freud postula que vivemos uma eterna luta entre Eros[13] e Tânato,[14] ou seja, entre a vida e a morte. Nas decisões cotidianas, costumamos enfrentar esse duelo e, se não estamos sempre diante de situações tão sérias que possam colocar a vida em risco, tampouco podemos negligenciar os efeitos decorrentes de nossas escolhas.

Quando nos referimos ao risco físico, é fundamental termos uma noção clara de que as funções autônomas do corpo buscam equilíbrio constante. Isso não significa que haja uma constância sem alteração ou que mudanças não ocorram; pelo contrário. O corpo está em constante mudança – por exemplo, a pressão arterial fica baixa quando dormimos e aumenta consideravelmente

---

[13] Eros: de acordo com a mitologia grega, Eros é o deus do amor, uma força fundamental do mundo. Ele assegura não só a continuação da vida, mas também a coesão interna dos elementos.

[14] Tânato: segundo a mitologia grega, é a divindade masculina que personifica a morte. Foi concebido pela noite, habita o tártaro (caos), tendo coração de ferro e entranhas de bronze.

quando estamos praticando um exercício físico, ainda que não tenhamos emitido nenhuma ordem nesse sentido. Porém, podemos regular o risco que vamos correr, dependendo dos objetivos e das circunstâncias. Mas o que dizer daquele atleta que, para quebrar um recorde ou ganhar uma competição, coloca a vida (o físico) em risco?

O que pensar no caso de um dos mais brilhantes pilotos de asa-delta que decidiu voar mesmo com péssimas condições do tempo? Era um campeonato mundial e, embora ele já fosse um piloto consagrado, inclusive com títulos mundiais, não desistiu e decolou. Quando precisou fazer um pouso de emergência, acabou batendo em uma pedra e faleceu. Ao ver as filmagens da decolagem, qualquer pessoa saberia que o tempo era comprometedor, e certamente, ele também sabia. Embora estejamos certos de que qualquer interpretação aleatória de seu comportamento seria um ato inconsequente, não podemos deixar de imaginar o que o motivou, assim como o que motiva atletas esportivos e corporativos a investirem seu tempo, dinheiro, energia e, por vezes, a vida em empreendimentos fadados ao insucesso. Será que minimizam o risco a ponto de não perceberem a realidade? Têm confiança excessiva? Possuem uma ilusão de controle que os abona de consequências desastrosas? A dose de adrenalina precisa ser cada vez maior para gerar a sensação buscada? A história dos sucessos anteriores os faz crer que são imbatíveis? Muitas questões; poucas respostas...

Muitos empreendedores têm uma vida profissional impecável e uma saúde física extremamente abalada: pressão alta, diabetes, obesidade, sedentarismo, insônia, úlceras, gastrites e uma série de problemas decorrentes da negligência com a saúde corporal. Todos sabem que irão produzir mais se o físico estiver sendo bem tratado. Ninguém ignora o fato de que o corpo descuidado coloca em risco o próprio trabalho. Porém, o que quase ninguém consegue fazer é estabelecer o limite entre o

112 Empreendedorismo: decolando para o futuro

aceitável e o possível. Como explicar que a mesma pessoa tenha um nível de risco muito bem dimensionado quando se refere ao trabalho e uma percepção distorcida e disfarçada a respeito da própria saúde, colocando constantemente em risco o físico? Não seriam os afetos interferindo nessa avaliação? E os afetos – emoções – interferem não apenas na questão corporal, mas também no aspecto econômico.

4.3.4 Risco financeiro

Quando falamos de investimento financeiro, o grande objetivo é a rentabilidade, ou seja, o retorno. Porém, estamos igualmente no campo das incertezas. Tomamos decisões considerando o passado, pois, sobre o futuro, não temos domínio. Por exemplo, para investimentos em mercado de capitais, é de vital importância desenharmos cenários futuros utilizando todos os recursos possíveis da análise técnica e fundamentalista. Mas não deixaremos de olhar para a rentabilidade passada, o que é um risco "necessário". Então, nos investimentos o risco assume seu papel antes da decisão, até porque o retorno (futuro) é incerto.

Mesmo que o mercado esteja dividido entre renda fixa e renda variável, o risco e a rentabilidade estão presentes, em maior ou menor grau. Portanto, o sucesso reside em saber identificar os tipos de riscos existentes nos investimentos e se apropriar dos instrumentos de controle necessários para combater eventuais perdas. Os riscos mais importantes diante dos investimentos são: mercado, crédito, liquidez e operacional.

Conhecer o risco é uma coisa; analisar e agir sem maximizá-lo ou minimizá-lo é outra bem diferente. A consciência não garante que uma ação correspondente seja tomada, isto é, saber que algo é arriscado não garante a tomada de atitude no sentido de evitar que algo perigoso aconteça. A análise pode ser feita

Gerenciando os Riscos 113

através da verificação dos pontos críticos, que, eventualmente, irão representar alguma não conformidade – e comprometimento – durante a execução da atividade ou do objetivo.

A análise de risco dispõe de ferramentas importantes que ajudam no gerenciamento, mas o objetivo geral é outro: consiste em que, a partir da descrição dos riscos, se identifiquem suas causas (agentes) e seus efeitos (consequências). Desse modo, independentemente do método escolhido, é viável a busca e elaboração de ações e medidas de prevenção ou correção das possíveis falhas detectadas, evitando-se riscos desnecessários. Muito embora existam inúmeras técnicas e formas de proteção, ainda não inventaram nada contra a mente do ser humano que, mesmo conhecendo os riscos mais sérios, opta por um problema futuro.

Mercado, um lugar de risco?

Qualquer lugar pode tornar-se um ambiente de risco – e isso não é diferente com o mercado financeiro. Especuladores estão por toda parte, mas os investidores bem-sucedidos são facilmente identificados e distinguidos dos aventureiros. São os primeiros que apontam para os perigos, fogem das fórmulas mágicas e ressaltam ensinamentos como "rentabilidade passada não garante rentabilidade futura". Além disso, não esquecem que o excesso de confiança é a raiz da banalização do risco.

E, para ampliar um pouco a compreensão do mercado, sobretudo para os iniciantes, é importante considerar quatro pontos quando se trata de avaliar o risco na tomada de decisão financeira: histórico de investimentos, conhecimento de mercado, restrições financeiras e tolerância ao risco. Apesar de ser uma visão genérica, é importante considerar algumas máximas, tais como:

114 Empreendedorismo: decolando para o futuro

- O mercado não é ninguém; é absolutamente impessoal
- Não está interessado em você
- Não se preocupa com seu medo, sua raiva, sua alegria
- É volátil, irá subir e descer, independentemente de suas planilhas, de seus gráficos, de seus conhecimentos
- O mercado é incontrolável; o que você pode controlar é a si mesmo
- Você não pode fazer nada para influenciá-lo; resta-lhe a alternativa de controlar seu comportamento

Dessa forma, o mercado não é um lugar de risco; antes disso, os supostos investidores é que poderão transformar esse ambiente num local perigoso, dependendo das escolhas e ações adotadas. Salientamos, uma vez mais, que o autoconhecimento é como uma chave mestra que abre várias portas. No mercado de capitais, considerando investidores do nível moderado ao mais agressivo, saber sobre si, sem se deixar levar pelas armadilhas da mente, é a diferença entre um investidor bem-sucedido e um jogador travestido de *trader*. E, no universo corporativo, um empreendedor com autoconhecimento desenvolvido reconhece seus pontos fracos e os neutraliza, aposta em seus pontos fortes e os potencializa, e consegue recuar na hora certa e investir – empreender – no momento propício.

Erros *versus* Estratégias nos investimentos

Uma das tendências mais fortes dos seres humanos é não abrir mão daquilo a que estão ligados. Tendemos a nos apegar, principalmente depois de tomarmos uma decisão. Resistimos às mudanças, inclinamo-nos a permanecer na mesma térmica. Isso explica, em grande parte, os motivos que nos impedem de abandonar hábitos, roupas sem uso, situações e investimentos, mesmo quando causam prejuízo. Quando escolhemos algo, nossa mente despende uma energia que se liga a essa coisa, e costumamos embrulhar isso com nossos afetos. São os afetos – emoções – que nos mantêm ligados, inclusive aos investimentos. Não haveria problema se os investimentos sempre gerassem lucros; o fato é que costumamos manter o apego também diante do prejuízo. O escritor Milan Kundera tem uma frase genial: "A armadilha do ódio é que ele nos mantém unidos ao nosso inimigo." Então, se reconhecermos sem muita luta interior que permanecemos em situações ruins e que costumamos fazer isso, inclusive, com nosso dinheiro, podemos avançar no entendimento dos erros diante dos investimentos. Não erros técnicos, pois, para isso, é necessário que cada um estude o tipo de investimento financeiro que deseja fazer. Felizmente, o mercado editorial dispõe de vasta bibliografia de qualidade sobre todas as modalidades de investimentos. Aqui, você encontrará os erros que sua mente comete na relação com o dinheiro, fazendo você perder, mesmo quando sua intenção genuína é ganhar.

Antes de realizarmos um voo duplo sobre os erros e as estratégias, você pode considerar que ditos modernos sobre dinheiro, como "Você quer, você pode" ou "Aproveite, a vida é agora", são mitos. Encontramos com muita frequência pessoas querendo "ganhar mais" e, quando propomos que o primeiro passo é parar de perder, elas instantaneamente fecham os canais de comunicação e param de ouvir. É a permanência da perda! Jamais ficarão ricas. Quem perde com pouco perderá com muito. A lógica da perda não muda com a quantidade de dinheiro, mas a quantidade de dinheiro pode mudar se a lógica for alterada. Começa pelo fato de as pessoas não encararem compras – consumo – como negociação. Comprar é negociar e, acompanhando os índices de consumo, endividamento e inadimplência do país, nosso conhecimento de negociação não parece ser muito

116 Empreendedorismo: decolando para o futuro

apurado: "Nenhum método de gestão do dinheiro pode salvar um mau sistema de negociação."[15] Independentemente do método que você escolher, tenha um. Aprimore a gestão de seu dinheiro, tenha uma meta do ponto que você quer atingir e, quando atingi-lo, pare! Verdadeiramente, pare. Faça outras coisas na vida. É muito comum ver investidores – empreendedores ou atletas – que estabelecem uma meta e, quando ela é atingida, a corrida continua com cada vez mais empenho, sem um ponto de parada. Quando isso ocorre, acabam não se diferenciando daqueles, por exemplo, que não têm dinheiro algum. Ambos são escravos, porque tanto o excesso quanto a falta demonstram a inexistência de equilíbrio – e escravizam igualmente. Sugerimos algumas estratégias dos pilotos de competição e que podem ser utilizadas tanto pelos investidores quanto pelos empreendedores em geral.

1. **Tenha sempre uma estratégia.** Para voar longe, é preciso ter uma estratégia – e, com os investimentos financeiros, não é diferente. Eles são feitos para gerar lucro! Quando isso não ocorre, é preciso avaliá-los com cuidado e dentro da estratégia traçada. Bem, se você fez qualquer operação envolvendo dinheiro sem ter clareza sobre o prazo (curto, médio ou longo), a rentabilidade que espera obter e seu objetivo, não conseguirá identificar o momento de mudar, ampliar ou reduzir o investimento. Identifique se é para complementar sua aposentadoria, pagar a faculdade dos filhos, fazer uma viagem, trocar o carro, a casa ou qualquer outro objetivo. Invariavelmente, todos

---

[15] ELDER, Alexander. *Como se transformar em um operador e investidor de sucesso: entenda a psicologia do mercado financeiro, técnicas poderosas de negociação, gestão lucrativa de investimentos*. Rio de Janeiro: Campus/Elsevier, 2004.

os especialistas recomendam que o sucesso financeiro só é atingido em cada operação quando você entra sabendo a hora de sair (mudar, realizar lucro ou abandonar o barco). Nem sempre a baliza é apenas o prejuízo; muitas vezes, o investimento já rendeu bons lucros, mas chega a hora de mudar, porque talvez você queira voar mais longe. Ou ainda porque o lucro não precisa ser o "máximo", pois não sabemos quando os ventos irão mudar. Quando um piloto de asa-delta está voando e faz uma tirada, não significa que teve prejuízo; ele simplesmente pode querer voar mais tempo, pegando outra térmica, aproveitando outra oportunidade, investindo sua energia em outro lugar, e, para isso, ele não pode ficar apegado – na zona de conforto – apenas a uma térmica.

2. **Não se case com a térmica (ou quando o efeito apropriação é maior que o cálculo da perda).** Depois de tomarmos posse de algo, não desejamos perdê-lo. Esse é o efeito apropriação e influencia muito a tomada de decisão. A sensação de perda – lembre-se de que somos avessos a perdas – impede os investidores de estancarem o prejuízo: "Um perdedor não consegue interromper suas perdas com rapidez/outra razão de não interromper a perda/é o desejo de sonhar... Sonhar nos mercados é um luxo a que ninguém pode se permitir. Se suas operações de mercado se basearam em sonhos, é melhor dar o dinheiro ao psicoterapeuta."[16] Então, quando os investimentos estiverem gerando prejuízo, é muito provável que você tenha a esperança[17] de se recuperar, fique "sentado nos papéis" e não queira mudar. Lembre-se de que isso é

---

[16] Idem.
[17] Para aprofundar o assunto, é interessante consultar *Prospect Theory*, de Daniel Kahneman.

118 Empreendedorismo: decolando para o futuro

apego emocional e que inteligência financeira é, também, abandonar o prejuízo.

3. **Primeiro, sobreviva.** Considerando que o propósito principal é sobreviver, o risco que você pode correr diante dos investimentos jamais deverá comprometer sua capacidade de manutenção. Não é possível arriscar aquilo que você não pode perder. Qual é o ponto em que você deixará de ser um investidor e se tornará um desesperado? Mensure, estabeleça um número para essa situação. Pensou? Pois bem, se você chegou a um número em que o desespero sugará sua energia e a paz de espírito, recue bastante nessa estimativa e jamais chegue perto dele. Ficar vendido (assumir uma posição de venda no mercado, vender o que não tem),[18] torcer para que o mercado suba e comprometer as condições básicas de sua vida não é investir; é jogar – e jogar para perder: "É preciso definir antecipadamente o quanto se pode perder – quando e em que nível você cortará as perdas. Os profissionais tendem a correr assim que farejam problemas e a entrar de novo no mercado quando percebem que não há mais perigo. Os amadores persistem e rezam."[19] Masoquismo financeiro é uma realidade, mas pode ser evitado, tratado ou contido através do respeito aos parâmetros que você mesmo estabeleceu. Se você fixa metas de segurança e não as cumpre, há algo errado, não?

4. **Quebre seu recorde pessoal, não seu bolso.** É muito comum encontrar histórias fantásticas sobre enriquecimentos, ganhos poderosos e sacadas geniais. Receitas e gurus inundam o mercado e, como tendemos à imitação e à sugestão,

---

[18] BASTTER, Maurício H. *Investindo em opções.* Rio de Janeiro: Campus/Elsevier, 2007.

[19] ELDER, Alexander. *Como se transformar em um operador e investidor de sucesso: entenda a psicologia do mercado financeiro, técnicas poderosas de negociação, gestão lucrativa de investimentos.* Rio de Janeiro: Campus/Elsevier, 2004.

Gerenciando os Riscos **119**

acabamos tomando como base números alheios. Mas se, em vez de tentarmos imitar sucessos alheios, começarmos a pensar em percentuais, a vida financeira ficará mais fácil e saudável. Pense qual é a rentabilidade média, constante e sustentável nas operações financeiras, e podemos tomar como base Wall Street, onde conseguir 25% de lucro por ano é uma façanha e tanto. Então, quanto é viável para você? Não podemos nos deixar enganar por investidores que esperam obter rentabilidade de 3% ou mais ao mês, garantindo para si e para os outros resultados positivos por anos consecutivos. Apenas a ganância se deixa seduzir pela afirmação de que é possível conseguir uma rentabilidade fixa, operando num mercado variável. É possível manter isso no longo prazo? Sabemos que não. Mas voltemos nossos esforços àqueles que não arriscam sua saúde mental, física ou financeira e aos atletas que quebram seu recorde pessoal. Quando um piloto de asa-delta faz todos os procedimentos necessários, se prepara adequadamente e não ultrapassa o limite, embora busque a superação, ele não será "regulado" pelos outros. Em outras palavras, se um piloto voou uma longa distância, não significa que esse seja o parâmetro para outros pilotos. Aqueles que decolam e percorrem 70 quilômetros, pois suas condições assim lhe permitem, têm um grande mérito. E os outros que decolam da mesma rampa, no mesmo dia, e percorrem 400 quilômetros porque suas condições permitem, também têm seu mérito. Avançar, progredir e se manter competindo ao longo da vida no voo ou nos investimentos é muito melhor do que, eventualmente, realizar grandes proezas; sustentabilidade não é modismo, mas inteligência, estilo de vida e resultado de escolhas saudáveis.

5. **Ande rápido, na hora certa.** Uma das grandes lições do voo livre é que, uma vez decidida a decolagem – com todas as precauções necessárias –, é hora de correr na rampa.

120 Empreendedorismo: decolando para o futuro

Travar no meio da decolagem é desastre na certa. Existe uma hora em que não é mais possível recuar; a dúvida não pode acometê-lo quando já está correndo na rampa. Tudo tem sua hora e seu lugar, e o mesmo ocorre no mundo corporativo. Existe um ditado nessa área muito citado por alguns e criticado por outros: "Demore para contratar, demita rapidamente." Sem entrar nos pormenores de tudo que envolve gestão de pessoas e demissões, a atitude empreendedora despende tempo prévio de análise, mas, passada essa fase, um atleta corporativo se posiciona e age com eficácia e agilidade. No mercado financeiro, não é diferente: se a operação não está surtindo o resultado desejado, isso mostra que ou a avaliação do investidor foi falha ou o mercado mudou – e, para ambas as situações, o melhor é agir rapidamente. Desfazer uma decisão tomada não é fácil, mas, quando se faz necessário, é importante ter agilidade, pois "o primeiro prejuízo é o que dói menos" ou "o primeiro erro é o mais barato". Liquidar uma posição perdedora oportunizará o aprendizado – nem sempre o lucro – e o controle do prejuízo. Por outro lado, não adianta antecipar decisões sem desenhar os cenários, ter estratégias definidas e seguir as metas estabelecidas; a hora de correr não é esta. Tenha em mente que precipitar ou retardar uma decolagem é tão problemático quanto travar no meio da rampa.

6. **Ganho é ganho; perda é perda.** Quando se trata de escolhas financeiras, a equação não é tão retilínea assim. A mente, com todo seu ardil, complica algo que poderia ser simples. A teoria perspectiva – e a prática nos mercados, nos consultórios e nas empresas – comprova que, diante das decisões e dos riscos envolvendo lucros ou prejuízos, nem sempre a lógica do vencedor em detrimento da lógica do perdedor impera. Por exemplo, investidores que estão ganhando tendem a vender suas ações para

concretizar os ganhos. Por outro lado, quando possuem ações que estão com valor abaixo do preço que compraram, seguram-nas, esperando que o valor suba, e, assim, se tornem bem-sucedidos: "No caso de perdas, tendemos a nos expor ao risco; investidores tendem a se arriscar mantendo as ações perdedoras na expectativa de se tornar um vencedor. Esse modelo também é consistente com a estratégia da minimização do arrependimento – um esforço para evitar 'contabilizar' uma perda. Contanto que você permita que a perda 'vá em frente', pode fingir que ela não existe; mas, uma vez que venda... você tem de contabilizá-la."[20] O fingimento a que Bazerman se refere é visto na psicanálise como negação. A negação é um processo mental que se recusa a perceber um fato que se impõe no mundo exterior. Como temos aversão à perda – pois perder nos frustra –, fugimos das frustrações. Nossa mente constrói mecanismos para nos proteger dos sofrimentos, e um deles é a negação, respaldando a teoria perspectiva. Enquanto as perdas puderem ser evitadas – no caso, pela mente, pois o bolso vai pagar de qualquer forma –, as coisas ficam, ilusoriamente, mais tranquilas. Os lucros são contabilizados e reforçam a lógica do investidor de sucesso, enquanto as perdas são varridas para baixo do tapete, até que o tropeço escancare o prejuízo.

Em função disso, frisamos que, quanto antes os erros forem assumidos, mais facilmente poderão ser corrigidos e gerenciados. Em alguns momentos da vida, devemos, inclusive, saber a hora de pousar, já que o pouso nem sempre é o fim da jornada, e sim o início de um novo ciclo, como veremos no próximo capítulo.

---

[20] BAZERMAN, Max. *Processo decisório: para cursos de administração e economia*. 5ª ed. Rio de Janeiro: Campus/Elsevier, 2004.

CAPÍTULO 5

Pouso: Atingindo Resultados

Querer. Ser ambicioso. Querer ser bem-sucedido não é suficiente. Isso tudo é apenas desejo. Saber o que você quer, aonde quer chegar e entender o porquê está fazendo aquilo. Dedicar cada segundo de sua vida, cada respiração de seu corpo na direção daquilo que é importante para você. Assim, somente assim, seus desejos serão concretizados.

Kevin Spacey

A tingir resultados extraordinários faz parte da natureza de um atleta corporativo, assim como de um piloto de competição, porém muitos não atingem esses resultados e se frustram por pousarem antes da hora esperada. Porém, nem sempre, o pouso é o fim da jornada, mas tão somente o início de um novo ciclo. Às vezes, é preciso descer à terra. O desafio de um atleta corporativo é saber a hora de renunciar ao voo e aceitar o pouso. Atingir resultados, avaliar a hora de desistir e gerenciar os obstáculos que podem surgir na hora do pouso, tudo isso depende do modelo mental que cada um possui e da relação entre superar ou deixar-se abater. Para tanto, é importante compreender os efeitos nocivos de

124 Empreendedorismo: decolando para o futuro

nossa mente, principalmente quando damos importância crescente ao "ego".[1]

5.1 SUPERVALORIZANDO O "EGO"[2]

O ego está presente em todos nós, afeta nosso processo decisório e influencia nossa trajetória de vida. Exige constante vigilância, pois é afetado pela autoconfiança exagerada, além de ser fortemente incentivado como uma das principais marcas da sociedade contemporânea. Empresários com histórias de sucesso constante passam a acreditar que não há mais concorrência à altura. Ficam míopes e deixam de perceber os novos entrantes, os produtos substitutos e as mudanças repentinas no cenário mercadológico. Sucesso repetido leva à minimização do risco. Empresas *egoicas* tendem a quebrar porque deixam de aprender.

---

[1] Aqui cabe fazer uma breve, mas importante, distinção entre eu, ego e egoísmo. O **"eu"** (*moi*), na teoria freudiana, é a sede da consciência e também lugar das manifestações inconscientes (a realidade do sujeito está no inconsciente). Também de forma bastante simplificada, podemos considerar o **ego** como o núcleo da personalidade de uma pessoa (a psicologia do ego se posicionou na perspectiva de uma psicologia de adaptação à realidade. Pelo fato de não considerar o estudo das pulsões, essa abordagem é contestada e não faz parte do arcabouço teórico utilizado para desenvolver o conteúdo desta obra. Porém, utilizamos o conceito dicionarizado de ego por ser largamente reproduzido e compreendido pela cultura). Já o **egoísmo** pode ser visto como uma defesa absoluta dos interesses próprios e um amor exagerado pelos valores e anseios do próprio sujeito, a despeito de outrem. O egoísmo é uma das características da sociedade atual que preconizam a satisfação imediata e absoluta. A cultura do hiperconsumo que estamos vivendo direciona e fomenta a supervalorização de si, não numa busca desejante, com limites estabelecidos, mas numa tirania das vontades. A "materialização da felicidade" influencia o sujeito e interfere profundamente na forma como cada um tomará decisões, seja no âmbito profissional ou pessoal (para saber mais, consultar obras de Sigmund Freud, Jacques Lacan e Dany-Robert Dufour).

[2] Nas páginas a seguir, adotaremos o significado de ego como popularmente utilizado, uma manifestação egoísta e pejorativa das vontades e interesses de cada um.

E o processo contínuo de aprendizagem exige humildade e visão de futuro. O passado já se foi, mas, quando as pessoas apenas vivem dele, contando conquistas que ocorreram, podem deixar de aprender. Outro perigo é quando ficamos dependentes do reconhecimento alheio. Ao mesmo tempo que o atleta corporativo quer superar os demais e ficar afastado, na liderança, "precisa" das pessoas para legitimar e alimentar sua vaidade diante da conquista. Não basta bater o recorde, voar mais longe ou ser mais rápido se ninguém souber desse feito. Muitos atletas e executivos acreditam que não adianta atingir resultados extraordinários e ficar sozinho no pouso; eles precisam de holofotes, do estrelato, do reconhecimento e da recompensa.

Nas empresas, segundo Max Pagés,[3] podemos encontrar a "mediação psicológica", ou seja, um mecanismo de controle utilizado pelas empresas para maximizar os resultados dos funcionários. Algumas empresas concedem cartão corporativo, carro da companhia, hospedagem em hotéis cinco estrelas, festas de final de ano com artistas famosos e convenções em locais paradisíacos com premiação aos melhores. Levam o colaborador a acreditar que aquele é seu padrão de vida e "o ego infla". Criam um mundo de fantasias. Uma algema de ouro difícil de ser tirada.

Por outro lado, essas mesmas empresas criam um ambiente organizacional de grande insegurança para o funcionário. Um ambiente mutante em que existe uma constante *dança das cadeiras*, consultorias internacionais, visitas de gerentes de outros países e reuniões tensas. Com isso, o funcionário fica entre a segurança e o infortúnio, entre a cruz e a espada. Quer ter um padrão de vida privilegiado, mas, para isso, paga um alto custo emocional. A insegurança o leva a trabalhar mais, a superar os outros, pois não quer perder status. Quer ser reconhecido como

---

[3] PAGÉS, Max et al. *O poder das organizações*. São Paulo: Atlas, 1987.

126 **Empreendedorismo: decolando para o futuro**

o melhor vendedor, diretor, gerente, piloto, enfim, o melhor em tudo. Quando o funcionário deixa a empresa, percebe a lacuna entre o mundo real e a fantasia construída. Segundo Osho, "o ego é um quebra-cabeça em que faltam peças, logo não há solução". É um jogo no qual não há vencedores, pois estamos lutando contra nós mesmos. Portanto, é fundamental avaliarmos qual significado damos ao elogio, ao reconhecimento alheio, à vaidade e à necessidade de constante superação.

5.2 A HORA DE DESISTIR E POUSAR

Nenhum piloto de asa-delta quer pousar antes de cruzar a linha de chegada, mas condições impróprias ou decisões equivocadas durante o percurso podem ocasionar voos à baixa altura. A gravidade está sempre atuando como um fantasma invisível. Voar a baixa altura é crítico porque, se tomar uma decisão errada, o piloto pousará. Ele não terá tempo para se recuperar e, caso se afaste de um pouso seguro, ainda poderá acidentar-se. O desafio é tanto encontrar uma nova térmica – uma oportunidade invisível que o leve de volta às alturas – quanto se preocupar com o pouso em local seguro e acessível. Sua mente ficará entre a possível recuperação do voo e a derrota iminente, entre o recomeço e o fim do jogo. Essa mesma realidade é vivenciada pelo empreendedor que monta seu negócio e, após alguns anos, encontra-se à baixa altitude, com fluxo de caixa reduzido e poucos clientes. Fica, então, a dúvida se continua batalhando, correndo o risco de queimar toda a sua reserva, ou se pousa em segurança, fechando o negócio antes de dilapidar seu patrimônio. O dilema do empreendedor, seja ele empresário ou intra-empreendedor/atleta corporativo, é saber a hora de abandonar o voo. Há uma linha tênue entre a determinação campeã e a teimosia inconsequente.

A persistência, a determinação e a vontade de vencer, apesar de todos os obstáculos, propulsionam nossa civilização a atingir resultados extraordinários nos mais diversos campos. O ser humano, quando motivado, é capaz de alcançar o inimaginável, e uma mente campeã se alimenta da vontade de superação. O voo livre, nesse sentido, tem algo a nos ensinar: segundo os competidores, o voo só acaba quando o piloto coloca o pé no chão. Ele luta até o último instante, acredita sempre que vai sair do chão, que vai voltar ao céu, que a térmica está ali e que basta posicionar-se no lugar certo. Pilotos de competição de asa-delta são aguerridos. Atletas corporativos também. Se tudo está dando errado, é porque ainda não acabou: "Só acaba quando termina."

Por outro lado, existem momentos em que o cenário não é favorável, os pousos são escassos, o vento está forte e a condição climática, instável. No mercado, seria algo como economia em recessão, concorrência reduzindo o preço, margens menores, poucos clientes e empresário sem capital de giro. Existem momentos em que devemos analisar até que ponto vale prosseguir ou recuar, conforme já mencionamos: é quando se instala aquela frágil linha entre a determinação e a teimosia, tornando difícil distinguir qual é o caminho que se deve seguir. Cria-se o seguinte dilema: "Se abandonar o voo e a condição mudar, ficarei pousado, vendo os outros sobrevoando minha cabeça. Se persistir, posso me colocar em uma situação de risco."

Para fugir dessa dúvida, o professor de Harvard, Max Bazerman, nos ensina uma forma inteligente de evitar o que ele chama de "escalada irracional do pensamento humano", conforme veremos a seguir.

5.2.1 Escalada irracional do pensamento humano

Para Max Bazerman, quanto mais riscos um indivíduo aceita, mais estará disposto a aceitar novos riscos. Isso acontece

128 Empreendedorismo: decolando para o futuro

porque a pessoa "esquece" – nega – a referência do ponto de partida, que, de forma geral, é ganhar, obter bons resultados. A escalada irracional pode ser observada em algumas negociações corporativas. Muitas vezes, em função de disputas irracionais, permeadas pela vaidade, empresas saem perdendo quando a única finalidade é prejudicar umas às outras e, no final, todos sofrem derrota. É um jogo perde-perde. Disputas judiciais, lutas políticas, brigas familiares, guerras étnicas, em todos os âmbitos encontramos a escalada irracional. Quando a pessoa toma decisão presente baseada em histórico passado, tende a replicar um padrão de comportamento. Max Bazerman nos ensina a criar o que chama de preço de reserva, o que o mercado financeiro conhece como "ordem stop". Ao entrar em um negócio, em uma negociação, uma compra de ação ou um litígio, devemos definir, de modo racional, qual é o ponto de saída. Até onde estamos dispostos a jogar. Se bater naquele ponto – preço de reserva –, então realizaremos o lucro ou o prejuízo e sairemos do jogo.

Por exemplo, no caso da compra de uma ação, é possível estabelecer um stop: "Se comprei a $40 e bater em $30, realizo o prejuízo. Se bater em $55, realizo o lucro." O mercado poderá oscilar, mas o investidor definiu, de forma racional, seu momento de saída. Afastou as emoções do processo decisório para evitar a escalada irracional. No caso do empresário, é possível estipular um prazo de "x" anos para que o negócio retome o crescimento, ou estipular um nível máximo de investimento e, assim, evitar a escalada irracional. E, no caso do voo livre, é prudente que o piloto defina a altura mínima que pode atingir; abaixo dela, deve pensar no pouso e abandonar o voo. Não adianta lutar por uma térmica na altura de um poste ou de uma árvore, é perigoso demais. Além de definir seu ponto de stop, o piloto também deve estipular seu cone de segurança.

5.2.2 Cone de segurança

Todos nós devemos voar com um cone de segurança. O cone de segurança é o plano B. Se a tirada der errado, onde vou pousar? Atletas corporativos que não possuem um plano B ficam vulneráveis à baixa altura. Na vida, devemos voar longe, mas sempre com uma alternativa em vista, caso as coisas deem errado. Ter um cone de segurança dá mais confiança para seguir em frente. A prudência se faz necessária. Por exemplo, um piloto deve abandonar uma rota de voo quando não existe pouso seguro, mesmo que essa rota apresente uma linha de nuvem melhor do que as outras. É preciso saber dizer não diante de escolhas que acarretam riscos, pois é importante ter discernimento e reconhecer se aquele é o momento de arriscar. Lembre-se de que o piloto de competição, assim como o atleta corporativo, assume riscos, mas nunca desnecessários.

Só se admite voar sem cone de segurança em casos raros: passagens que lhe garantem uma liderança estratégica, a quebra de um recorde ou diante de uma oportunidade gerada por informação privilegiada advinda de uma fonte segura. Jamais se deve permitir que a vaidade o leve para regiões de alto risco. Por isso, é fundamental entender os motivos da busca pela superação: se consistem em vencer a própria meta ou se servem para satisfazer os outros.

Alguns pilotos voam sem o cone de segurança, assim como existem empresários que arriscam todo o seu patrimônio em um empreendimento sem avaliar o plano B. Os riscos são altos demais. Se a empresa quebrar ou o piloto ficar baixo, o acidente será inevitável. Alguns dos pilotos mais experientes que se acidentaram tiveram como causa a falta de local de pouso. Voaram sem um cone de segurança. Mais grave ainda são aqueles que assumem riscos a todo instante. O "modelo mental" está equivocado e esses pilotos representam um risco para os outros

130 Empreendedorismo: decolando para o futuro

e para si. É fácil identificar esse perfil, uma vez que começam a se acidentar repetidas vezes. São aqueles empresários que quebram vários negócios, atletas corporativos que não concluem os projetos iniciados ou ainda pilotos que sofrem acidentes a toda hora. O adágio diz: "Primeiro vem o aviso e depois vem o castigo." O aviso é um alerta sutil que indica ao piloto que suas decisões estão equivocadas. Em geral, o aviso é suficiente para que o piloto altere seu curso de ação e sua postura frente ao risco. Mas existem aqueles que ignoram o aviso e seguem confiantes, acreditando que são imbatíveis, indestrutíveis. E, então, vem o castigo, ou seja, acidentes graves que podem gerar cicatrizes – físicas, emocionais e financeiras – para o resto da vida.

Como tendemos a esquecer – negar – os episódios ruins que nos acometem, as cicatrizes servem para nos lembrar que aquela experiência aconteceu e nos transformou. Toda cicatriz é uma marca que carrega uma história. Toda história pode gerar aprendizado. Mas muitas pessoas seguem errando, mesmo com todos os sinais que lhes são dados, preferindo manter a mesma trajetória. Por isso, quando o risco for alto, é chegada a hora de abandonar o voo. Afinal, é melhor estar em segurança no solo desejando estar voando do que estar voando com o desejo de estar no solo.

Se o pouso é inevitável, então pouse. Nesse momento, sua mente não pode ficar presa ao passado ou ligada ao futuro. Tem de se focar no presente e pousar de forma segura. Existem momentos na vida em que é fundamental utilizar o cone de segurança. Não há outra saída e, se vamos pousar, devemos avaliar e saber lidar com os obstáculos do pouso.

5.3 OBSTÁCULOS DO POUSO

Ninguém se transforma sem sacrifício, e os obstáculos da vida são essenciais para nosso crescimento. São colocados em nosso caminho para promover a superação. Quando aprendemos a lidar com os obstáculos, aprendemos a voar mais alto, porque, ao pousarmos, saberemos gerenciar situações adversas. Um pouso pode ter muitos obstáculos, como, por exemplo, fios de alta tensão, cercas de arame farpado, árvores, buracos, pedras, estacas e até mesmo bois e vacas. Assim como no voo livre, são muitos os obstáculos que encontramos na vida corporativa. Uma empresa também é fonte inesgotável de barreiras e obstáculos, e para aqueles executivos que tiverem dificuldade de lidar com eles, o voo livre pode apresentar algumas soluções. A capacidade de observação é o primeiro ensinamento. Enquanto sobrevoa a área de pouso, o piloto deve observar atentamente os possíveis obstáculos e os riscos iminentes. Para mapear os riscos reais, é fundamental não criar fantasmas ou medos irreais. Um poste é um obstáculo, mas, se desse poste não sai um fio de alta tensão que cruza o pasto, então ele representa uma pequena dificuldade, algo que não merece muita atenção. O problema é que, muitas vezes, no mundo corporativo amplificamos o obstáculo e lhe damos importância imerecida. Ele passa a tomar parte de nossa mente e energia, ganhando força. Por isso, é fundamental observar atentamente, desenvolver uma percepção ampliada, uma visão holística, sem ficar focando apenas nos detalhes.

No voo livre, não é possível arremeter como um avião, a asa não tem motor. Se você estiver perdendo altura, terá de pousar. Terá de resolver o problema. Terá de gerenciar os obstáculos. No mundo corporativo, não é diferente. E, caso o pouso apresente muitos obstáculos, tornando a solução impossível, então é hora de mudar o local do pouso. Quando um atleta corporativo não tem competência suficiente para resolver uma equação, deverá ser flexível o bastante para mudar de pouso. Vale observar os pousos à sua volta e analisar se não há fixação no ponto de pouso errado.

132 Empreendedorismo: decolando para o futuro

É importante também desenvolver a aceitação. Muitos pilotos, ao descobrirem uma cerca de arame farpado no meio do local de pouso, gastam tempo e energia em um duelo mental, reclamando de sua existência, e pensam: "Este pouso seria tão perfeito... Tinha de haver uma cerca bem no meio?" Nas empresas, é igual. Esse pensamento só tira o foco e pode consumir preciosos momentos de observação e planejamento, necessários para se fazer um pouso seguro. Aceitar o obstáculo é o primeiro passo para resolver o problema. Se você negar sua existência ou adiar o enfrentamento, será pior. A obstrução existe por algum motivo, é importante lidar com o fato e, caso não exista outro pouso, deve-se aceitar.

Depois da aceitação, vem o plano de ação. Todo pouso requer um plano de ação, uma aproximação calculada que avalie as múltiplas variáveis: direção e intensidade do vento, inclinação do pouso (pousar descendo o morro não é indicado), obstáculos e proximidade da estrada para voltar à civilização. Fazer a aproximação mentalmente auxilia o processo e gera uma sequência de ações para se atingir o resultado final, que é pousar em segurança. Entender os sentimentos envolvidos nesse processo é muito importante, ou seja, perceber o medo, a ansiedade e o excesso de confiança. É fundamental gerenciar o medo, controlar a ansiedade e evitar o excesso de confiança.

Outra lição valiosa do voo livre é nunca focar o obstáculo ao se aproximar do chão. Atletas de alta performance orientam: se existe uma árvore no meio do pasto, saiba que ela está ali, mas não fique olhando para ela. Não foque sua mente nela. Caso contrário, vai acabar voando em sua direção. Mire sempre onde quer pousar, mire o alvo. Se ficar olhando para o obstáculo, ele poderá se transformar em um "ímã", atraindo-o. Uma espécie de mantra que habita a mente dos atletas de ponta é: concentração, determinação e esforço. Concentração, para focar; determinação, para querer; e esforço, para fazer acontecer. Os pilotos de asa-delta falam muito em comandar a asa até colocar o pé no chão. Enquanto a asa estiver voando, não tem como relaxar. É preciso ter atitude. Não adianta ficar no campo do pensamento. Não adianta querer pousar bem. É preciso ter atitude campeã para fazer acontecer. Nós somos o que fazemos, e não apenas o que pensamos. Pousar depende de muita atitude – e as atitudes são definidas por nossos modelos mentais.

5.4 MODELOS MENTAIS

Quando um piloto pousa na linha de chegada, voa a distância que queria ou atinge um resultado que levou anos para ser conquistado, é inundado por uma dose de felicidade, de exaltação e prazer. Segundo os filósofos Stuart Mills e Jeremy Bentham – representantes da abordagem utilitarista clássica –, a finalidade da vida humana é a felicidade. Em outras palavras, todos acordam diariamente e buscam a felicidade como principal meta da vida. Salientam que todos têm em mente o mesmo objetivo: ser felizes. Mas, se isso é verdade, por que existem tantas pessoas infelizes? Por que, ao pousar após um voo maravilhoso, permanece a sensação de que falta algo? Por que a felicidade muitas vezes não é encontrada?

Uma das respostas a essas perguntas está nos modelos mentais. Modelos mentais equivocados produzem resultados equivocados. O modelo mental, de acordo com Daniel Goleman, é a maneira pela qual os seres humanos organizam e dão sentido às suas experiências. Imagine que seu crânio seja o hardware, a parte física do computador, ou seja, a caixa. Os softwares, ou seja, os programas, são os modelos mentais que foram "instalados" em sua mente. Durante nossa vida, devemos atualizar os softwares, *ressignificar*, mudar e evoluir nossos modelos mentais; ao contrário, solucionaremos nossos problemas com softwares ultrapassados que produzem resultados insuficientes.

134 Empreendedorismo: decolando para o futuro

Por exemplo, um modelo mental equivocado muito conhecido é o "ter para ser"; "quando eu tiver aquele carro de luxo, serei feliz. Quando eu tiver aquela casa maravilhosa, serei feliz. Quando for diretor da empresa, serei feliz". Trata-se de um modelo mental equivocado porque não produz o resultado esperado. A felicidade não é encontrada com esse modelo mental porque está sempre sendo adiada. Se o atleta corporativo não atinge o resultado, ficará infeliz; e, mesmo que o atinja, mesmo que pouse no alvo tão desejado, continua infeliz, porque fica imaginando qual será o próximo voo. Qual o próximo objetivo a ser atingido.

É possível mudar o modelo mental do "ter" para "ser" quando focamos no processo e compreendemos a razão pela qual queremos voar mais longe. É o foco no processo, e não na linha de chegada. No modelo mental com foco no processo, devemos fazer o melhor possível para chegar ao objetivo. Se o objetivo é bater um recorde, então devemos investir tempo, esforço e determinação para atingir o resultado esperado. Mas o foco não está na chegada; a felicidade agora está no processo. Para tanto, devemos curtir o caminho, a trajetória, e aproveitar ao máximo a jornada. O resultado será apenas uma consequência do esforço e da determinação. Enquanto um modelo mental foca no pouso, o outro foca no voo em si e em todo o processo de estar ali, voando.

Dessa forma, se, por exemplo, um recorde for batido, será ótimo. Mas, caso não seja, ao final do período, o que conta é a certeza de ter feito o melhor possível. Assim, o atleta corporativo poderá ser feliz, independentemente do resultado. Pousando no alvo ou antes da linha de chegada, estará feliz porque sabe que se esforçou para fazer seu melhor. Não se trata de uma mente derrotista que aceita com passividade o fracasso. Pelo contrário. São pessoas aguerridas, com vontade de vencer, indivíduos que não se compararam com os outros, mas com o melhor que podem ser. Esses atletas esportivos ou corporativos têm a chamada mente campeã.

Outro equívoco é acreditar que "nós controlamos os resultados" ou que "somos 100% responsáveis pelo que produzimos". Essa é uma forma de se pensar utilizando o modelo causa/efeito: "Se eu fizer isso, gero aquilo. Se eu praticar essa ação de mercado, vou atingir aquele resultado." Essa suposta certeza cai por terra principalmente no mundo corporativo. Por exemplo, as apresentações dos planejamentos das empresas refletem uma falsa crença: a de produzir o resultado esperado. Vale lembrar que o papel aceita tudo. As apresentações em PowerPoint exibem gráficos que indicam o futuro promissor das empresas, mas, depois de alguns meses, os mesmos gráficos ficam desbotados com a dura realidade dos fatos. O planejado nem sempre é o realizado. Em outras palavras, é possível controlar a ação, mas não o resultado. A crença no controle do resultado gera mais um modelo mental equivocado.

Um piloto pode querer voar 300 quilômetros em determinado sítio de voo.[4] Mas, se a condição não estiver favorável, se naquele dia estiver chovendo, então ele não atingirá o objetivo, ainda que tenha a melhor asa ou o mais moderno GPS. São muitas as variáveis que podem interferir, e o somatório delas torna difícil qualquer previsão de resultado. No voo, estamos falando de vento, nuvens, relevo, temperatura, grau de insolação, gradiente térmico e outros aspectos. No mundo corporativo, estamos tratando de fatores econômicos, políticos, sociais, ecológicos e tecnológicos. Desse modo, focar no resultado é um modelo mental equivocado porque não produz felicidade. Devemos focar nas ações e ter flexibilidade durante a jornada. O sucesso não é um destino; é um processo. O verdadeiro prêmio está dentro de nós. Quando o atleta corporativo entende isso,

---

[4] Sítio de voo é o local onde os pilotos praticam o esporte.

sua jornada passa a ter um sentido diferente. Ele pode, então, atingir a tão almejada felicidade, independentemente do local onde pousar. A felicidade não está na faixa de chegada, mas na mente. A realização de um atleta corporativo reside em fazer o melhor possível com os recursos disponíveis. A capacitação e o desenvolvimento das competências nesse sentido são a peça-chave para o atingimento de metas e objetivos. No capítulo a seguir, veremos uma abordagem interessante sobre esse processo de acumulação de competências, o qual fornece a base para voos mais longos e prazerosos.

CAPÍTULO 6

Desenvolvendo as Competências Dinâmicas

Por fim, você aprende. Aprende que não se deve comparar com os outros, mas com o melhor que pode ser... descobre que leva muito tempo para se tornar o recordista que quer ser, e que o tempo é curto.

Nossa vida é um contínuo processo de aprendizagem. Com o passar dos anos, desenvolvemos uma série de competências que vão nos guiar no mundo em que vivemos. Aprendemos tanto nas instituições de ensino quanto na "escola da vida". Difícil dizer qual ensina mais. Afinal, é na rua[1] que descobrimos os verdadeiros obstáculos e somos obrigados a transpô-los. Aos poucos, aprendemos que o nível das competências acumuladas determina a distância que iremos percorrer. Uma pessoa com pouca instrução sente os efeitos de sua limitação em um mundo cada dia mais exigente. Pós-graduação, que, no passado, era algo exclusivo e destinado a poucos, hoje se tornou obrigatório em determinados mercados. No entanto, as competências técnicas nem sempre

---

[1] A rua é o lugar de movimento. Segundo o antropólogo Roberto DaMatta, a rua "é um lugar de luta, de batalha, que equivale à dura realidade da vida; é um outro mundo, distinto da casa. Na casa somos únicos, singulares; na rua, somos iguais a todos". DaMatta afirma que o trabalho está no contexto da rua, por isso precisamos nos diferenciar. Nossa proposta é que a diferenciação no campo de trabalho seja dada através das competências.

138 Empreendedorismo: decolando para o futuro

são suficientes para o sucesso; existe ainda a influência daquilo que as pessoas fazem com o que sabem, como agem e quais são suas atitudes.

A compreensão desse processo de desenvolvimento de competências é fundamental para se atingirem resultados vitoriosos. Muitos executivos têm força de vontade, garra e determinação, mas sentem dificuldade em perceber onde e de que forma podem empregar o conhecimento acumulado. A dificuldade está em definir qual direção tomar para cruzar a linha de chegada. Mais difícil ainda é saber quais competências devemos desenvolver para nos tornarmos mais competitivos. O problema é que o mundo está cada vez mais dinâmico: um estudante universitário passa cinco anos em uma faculdade e, quando termina o curso, o mundo já é outro. Segundo especialistas, um curso de MBA, por exemplo, tem validade de cinco anos, ou seja, depois de cinco anos o pós-graduado deve atualizar novamente, porque o aprendizado adquirido no curso fica obsoleto. Para reduzir esses impactos, vamos utilizar uma abordagem chamada competências dinâmicas, que fornece compreensão didática sobre essas questões.

Segundo Teece e Pisano,[2] o termo "competências dinâmicas" ilumina dois aspectos importantes. O primeiro se refere ao vocábulo "competências" e enfatiza o processo de acumulação das capacidades, aptidões e habilidades na obtenção de resultados. O segundo vocábulo, "dinâmicas", orienta para a ideia da incerteza criada à medida que os ambientes evoluem continuamente. Vamos entender melhor esse conceito a partir da compreensão da Figura 1, tanto para um piloto de competição quanto para o atleta corporativo.

---

[2] TEECE, D. J., PISANO, G. e SHUEN, A. *Firm capabilities, resources and the concept of strategy: four paradigms of strategic management.* University of California at Berkeley, 1990.

Desenvolvendo as Competências Dinâmicas 139

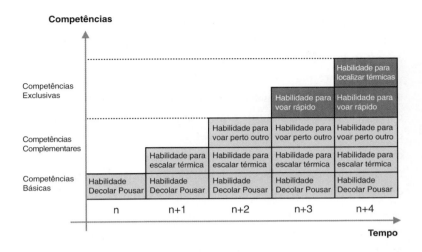

FIGURA 1. Evolução da acumulação das competências

Pense por um instante. Por que você não é um piloto de asa-delta? Por que não possui uma carteira de piloto? A resposta é simples: você não sabe decolar ou pousar com uma asa-delta. Decolar e pousar são o que chamamos de competências básicas ou habilitadoras. Essa competência habilita o indivíduo a entrar no mercado, a competir; sem ela, não poderá jogar o jogo. Trata-se do primeiro degrau, o nível mais baixo das competências, no entanto, fundamental. Quanto mais sólida for a base, mais alto o atleta consegue chegar, já que é a base que proporciona sustentação para os demais níveis. É o alicerce. Nessa etapa, o piloto desenvolve a autoconfiança, uma espécie de rede de segurança mental que o levará a sair da zona de conforto. Quando o piloto descobre que pode decolar e pousar, que sua vida não está em risco, então é capaz de voar. Pense no mundo corporativo. Pense no mercado em que você quer atuar nos próximos anos. Quais são as competências habilitadoras que permitem que você ingresse nesse novo mercado? Falar inglês? Ter um MBA? Alguma habilidade específica? Qual delas?

140 Empreendedorismo: decolando para o futuro

Compreender quais são as competências necessárias para entrar no mercado é o primeiro passo. Além disso, é importante entender que essa é apenas uma competência básica e não será suficiente para diferenciá-lo dos demais. Apenas o capacita a entrar na competição; com o passar do tempo, você deverá caminhar para um degrau mais elevado: o nível intermediário das competências complementares. No voo livre, podemos citar duas competências complementares: a habilidade de escalar térmicas e a habilidade de voar perto de outros pilotos. Um piloto só conseguirá voar longe se aprender a ganhar altura utilizando as correntes ascendentes ou as térmicas. Compreender a dinâmica da térmica, seu formato, ciclo e intensidade é fundamental no desenvolvimento do piloto. No mundo corporativo, acompanhamos a evolução de executivos e observamos que alguns sobem mais rápido do que outros. São aqueles que compreendem a cultura organizacional, aprendem quais são as fontes de poder, como funciona a empresa e quem são seus aliados e oponentes. Passam a escalar a térmica com maior desenvoltura, crescendo na empresa e galgando posições. Saber escalar a térmica exige o constante desenvolvimento de habilidades técnicas e comportamentais. E não podemos esquecer que existem executivos que conhecem toda a teoria, fizeram todos os cursos oferecidos pela empresa, mas lhes falta o componente "atitude" para fazer acontecer.

Outra competência complementar é a habilidade de voar perto de outros pilotos, ou seja, saber voar em grupo. Muitos competidores dizem que é melhor estar em grupo no caminho errado do que estar sozinho no caminho certo. O voo em grupo, em geral, é mais eficiente por diversas razões: as decisões são compartilhadas, exige domínio sobre as emoções, capacita-o a enroscar na térmica em harmonia e impede que o piloto imponha seu estilo a todo instante. É necessário desenvolver o que Daniel Goleman chama de inteligência emocional,

Desenvolvendo as Competências Dinâmicas **141**

definida como a "capacidade de identificarmos nossos próprios sentimentos e os dos outros, de nos motivarmos e de gerirmos bem as emoções dentro de nós e em nossos relacionamentos".[3] Quando desenvolvemos essa habilidade, conseguimos obter o máximo dentro das organizações, já que toda empresa é formada por pessoas e há necessidade de se gerenciarem relacionamentos, conflitos e disputas de vontade. Importante entender que somos analisados pelo grupo a partir de nossas atitudes, ou seja, pelo que fazemos. O que falamos é apenas o discurso e, se não estiver em sintonia com a ação, perde força com o passar do tempo. As pessoas valorizam a coerência: o que você pensa é o que fala e o que faz.

Fazer acontecer e senso de urgência nos levam ao nível intermediário superior, que está relacionado às competências exclusivas. Por exemplo, voar rápido é uma habilidade para poucos porque exige que o piloto desenvolva o desapego. Todas as decisões incluem uma renúncia, ou seja, para se ter acesso a alguma coisa, renuncia-se a outra. De fato, um atleta renuncia à comodidade quando sai de sua zona de conforto. Sem dúvida alguma, as consequências se apresentam e cobram seu preço. Reconhecer que em tudo há um preço a ser pago, um custo envolvido – monetário, temporal ou afetivo –, é uma forma de mensurar o valor de cada escolha. Um atleta paga, mas um sedentário também. A diferença está no resultado, no prejuízo ou no lucro decorrentes de cada escolha. Atletas de competição têm algumas particularidades que não são facilmente encontradas, assim como ocorre com empreendedores de sucesso, profissionais gabaritados ou grandes investidores do mercado financeiro. Pilotos de competição, com o passar do tempo, criam uma mente astuta e avaliam as variáveis com modelos mentais sofisticados, capazes de prever qual o melhor trajeto para atingir

---

[3] GOLEMAN, Daniel. *Inteligência emocional*. Rio de Janeiro: Objetiva, 2001.

142 Empreendedorismo: decolando para o futuro

o resultado esperado. No mundo corporativo, acompanhamos a evolução de executivos que fazem trocas estratégicas entre empresas e, em pouco tempo, conseguem alavancar a carreira e atingem cargos de alta gerência. Mas esse estado de espírito aberto ao processo de mudança exige alta dose de motivação. Interessante notar que a motivação está ligada à interação entre uma pessoa e uma situação. Consequentemente, as tendências motivacionais são diferentes, tanto de um indivíduo para outro quanto na mesma pessoa, dependendo da situação. Uma das definições encontradas para motivação é "o processo responsável pela intensidade, direção e persistência dos esforços de uma pessoa para o alcance de determinada meta. Os três elementos-chave dessa definição são intensidade, duração e persistência".[4]

- Intensidade é a quantidade de esforço que uma pessoa despende. Entretanto, a intensidade não é capaz de levar a resultados favoráveis, a menos que seja conduzida em uma direção que beneficie o sujeito ou a organização à qual ele pertence.

- Direção é a qualidade do esforço, ou seja, o esforço adequado deve estar direcionado aos objetivos traçados. Vale ressaltar que, muitas vezes, a direção mostra que os esforços estão indo no caminho inverso ao atingimento das proposições. Quando isso ocorre, o inconsciente pode estar agindo sem que o sujeito perceba a real direção.

- Persistência é o tempo em que uma pessoa consegue manter o esforço no sentido de um propósito estabelecido. Alguém efetivamente motivado fica ligado na realização da tarefa até que os objetivos sejam atingidos.

---

[4] ROBBINS, Stephen P. *Comportamento organizacional*. São Paulo: Pearson Education do Brasil Ltda., 2002.

Desenvolvendo as Competências Dinâmicas 143

Um dos fundamentos para se ter equilíbrio das emoções é distinguir o significado de cada decisão tomada e, então, conseguir investir na intensidade, na duração e na persistência adequada para atingir os propósitos estabelecidos. Os motivos que levam um atleta profissional, um empreendedor ou um executivo a percorrerem um caminho, e não outro, são fundamentados na estrutura da personalidade, nos sonhos e naquilo que é significativo para cada um. Mas o traço comum a todos é a sabedoria de aceitar as limitações intrínsecas da vida, compreender que toda escolha implica uma perda e saber quando e a que renunciar. Saber a hora de trocar de térmica e ter o desapego necessário para aceitar as perdas é uma das habilidades que distanciam os atletas corporativos de ponta dos demais. No entanto, não é a única competência exclusiva. Existe ainda uma que está acima das demais, rara de ser encontrada entre os executivos. Trata-se da habilidade de localizar uma térmica, ver o invisível, mapear uma oportunidade antes dos demais, criar vantagem competitiva no mercado e ser pioneiro.

Localizar uma térmica requer observar atentamente os sinais da natureza, compreender sua lógica, acompanhar sua evolução e estar em sintonia com sua linguagem. A natureza comunica a todo instante, assim como a natureza dos mercados. Trata-se de uma comunicação sofisticada porque o receptor da mensagem deve compreender as sutilezas, as nuances e os sussurros. Os sinais não são explícitos e, por isso, podem passar despercebidos por profissionais amadores. No entanto, aqueles que aprendem a ler os sinais e a escutar o mercado com precisão saem na frente e são os responsáveis, segundo Joseph Schumpeter,[5] por destruir a ordem econômica existente e introduzir novos produtos e serviços. Além disso, influenciam a criação de novas formas

---

[5] SCHUMPETER, Joseph. *Teoria do desenvolvimento econômico: uma investigação sobre juros, capital, lucros e ciclo econômico.* São Paulo: Nova Cultura, 1997.

144 Empreendedorismo: decolando para o futuro

de organização ou a exploração de outros recursos e materiais. Trata-se de uma competência reservada aos empreendedores responsáveis pela criação de novos negócios, mas que também podem inovar dentro de negócios já existentes, ou seja, aqueles que se tornam empreendedores dentro de empresas já constituídas. A figura do intraempreendedor, inclusive, está substituindo o empregado, exigindo que as empresas desenvolvam em seus funcionários a habilidade de identificar "térmicas" (oportunidades). Ver à frente de seu tempo e posicionar-se para estar no lugar certo, na hora certa, diferencia um intraempreendedor dos empregados normais. Afinal, o empreendedor, seja ele corporativo ou não, é uma pessoa que imagina, desenvolve e realiza visões.

CONCLUSÃO

Decolando para o futuro

O homem que voa não é aquele que ganhou asas, e sim, aquele que jamais aceitou livrar-se delas.

Glauco Cavalcanti

C aro leitor, a vida é uma jornada magnífica, um voo que nunca sabemos quando vai terminar. Mas sabemos que, em algum momento, esse voo terá um fim, pelo menos na forma como conhecemos. O modo como conduzimos esse voo e as térmicas que encontramos no caminho, e mais, a maneira como ganhamos altura nessas térmicas, é o que determina até onde conseguimos chegar com o tempo que nos é concedido. Alguns atletas corporativos percorrem longas distâncias, muitas vezes inimagináveis. Outros ficam presos a uma única térmica, nunca fazem uma tirada e terminam a vida próximos ao local de decolagem. A distância percorrida por um atleta corporativo é proporcional à quantidade e à qualidade das térmicas que conseguiu escalar no decorrer de sua vida.

O ponto de partida nesse processo é o momento da decolagem. Por isso, saber a hora de decolar, desenvolver a arte de observar atentamente, praticar o desapego, compreender o processo decisório e ter uma atitude empreendedora são alguns ensinamentos fundamentais. Determinação é a palavra de ordem,

146 Empreendedorismo: decolando para o futuro

uma vez definido que é o momento de fazer acontecer. A decolagem é um dos momentos mais críticos na vida dos empreendedores, sejam eles corporativos ou não. A abertura de uma empresa, o lançamento de um produto ou o início de uma carreira são momentos de grande risco. Uma vez decolado com segurança, sentimos o gostinho do vento no rosto e somos recompensados pela coragem de nos lançar no ar. A sensação de liberdade toma conta do corpo e nos enche de motivação para voar mais alto e o mais longe possível.

O voo em si exige uma navegação com pilotagem ativa, em que não podemos nos dar ao luxo de sermos apenas espectadores da bela vista que o mercado nos proporciona. Existem pilotos que são meros coadjuvantes enquanto o mercado está borbulhando de oportunidades ao seu redor. Atletas corporativos devem compreender os ciclos térmicos (oportunidades), as linhas de nuvens (tendências), os obstáculos naturais (ameaças), monitorar a direção e a intensidade do vento (fatores econômicos), e ainda acompanhar os demais pilotos (competidores). Não apenas acompanhar, mas também se posicionar no mercado dinâmico, compreendendo que está em constante movimento e transformação. Em alguns momentos, ser seguidor pode representar a melhor estratégia, mas, em um momento específico, a diferenciação e o posicionamento estratégico vão definir uma nova trajetória campeã.

Para que haja segurança no processo de tomada de decisão, o atleta corporativo deve investir no desenvolvimento de suas habilidades e competências, entendendo que existem as competências básicas, complementares e exclusivas. As competências básicas são habilitadoras e apenas permitem que o competidor ingresse no mercado; portanto, para voar neste mercado altamente competitivo, as competências complementares e exclusivas é que vão possibilitar voos mais longos e até mesmo recordes em seu segmento de atuação. Essas competências vão auxiliá-lo a identificar o momento oportuno de abandonar o voo, já que toda jornada tem começo, meio e fim. Entretanto, o pouso nunca é o fim absoluto, apenas um ponto final em determinado instante.

Em nome de nossa cumplicidade no ar durante tantas páginas, queremos brindá-lo com a livre adaptação de um poema de William Shakespeare. Uma reflexão sobre recorde pessoal. Agradecemos a você pela confiança em fazer este voo duplo conosco. Foi bom tê-lo a bordo dividindo tantas experiências.

Depois de algum tempo, você aprende. Aprende a aceitar suas derrotas com a cabeça erguida e os olhos adiante, com a graça de um adulto, e não com a tristeza de uma criança. E aprende a construir todas as suas estradas no hoje, porque o terreno do amanhã é incerto demais para os planos, e o futuro tem o costume de cair em meio ao vão.

Aprende que verdadeiras amizades continuam a crescer, mesmo a longas distâncias. E o que importa não é o que você tem na vida, mas quem você tem na vida. E que bons amigos do voo são a família que nos permitiram escolher. Aprende que não temos de mudar de amigos se compreendermos que os amigos mudam. Percebe que seu melhor amigo e você podem voar juntos, ou simplesmente não fazer nada, e terem bons momentos.

Descobre que se leva muito tempo para se tornar o recordista que se quer ser, e que o tempo é curto. Aprende que não importa aonde já chegou, mas para onde está indo, mas, se você não sabe para onde está indo, qualquer lugar serve. Por isso coloque uma rota em seu GPS; ela vai guiá-lo de vez em quando.

Depois de um tempo, você aprende que o sol queima se ficar exposto por muito tempo. E aprende que, não importa o quanto você se importe, algumas pessoas simplesmente não se importam se você voou longe... E aceita que, não importa quão boa seja uma pessoa, ela vai feri-lo de vez em quando e você precisa perdoá-la por isso.

Aprende que os verdadeiros heróis no voo livre são aqueles que voam por muitos anos. Aprende que os destemidos já se foram ou estão para partir. Aprende que, se segurar a barra de comando na hora do impacto no chão, seu braço quebra. Aprende que paciência requer muita prática. Descobre que algumas vezes a pessoa que você espera que o chute quando você cai é uma das poucas que o ajudam a levantar-se nas roubadas.

Aprende que maturidade tem mais a ver com o tipo de experiência que se teve em voo e o que você aprendeu do que com quantos aniversários você celebrou. Aprende que nunca se deve dizer a um voador que sonhos são bobagens; poucas coisas são tão humilhantes e seria uma tragédia se ele acreditasse nisso.

Monte sua asa e fortaleça sua alma, em vez de esperar que os outros reconheçam seu valor.

E, por fim, você aprende. Aprende que não se deve comparar com os outros, mas com o melhor que pode ser. Por isso decole, voe e bata o SEU recorde pessoal. Ele é todo e somente SEU. Acredite.

Bons voos!

Glauco Cavalcanti e Marcia Tolotti

Referências

ABBAGNANO, Nicola. *Dicionário de filosofia*. 2ª ed. São Paulo: Martins Fontes, 1998.

ARISTÓTELES. *Ética a Nicômaco*. São Paulo: Nova Cultura, 1987.

BASTTER, Maurício H. *Investindo em opções*. Rio de Janeiro: Campus/Elsevier, 2007.

BAZERMAN, Max. *Processo decisório: para cursos de administração e economia*. 5ª ed. Rio de Janeiro: Campus/Elsevier, 2004.

BENTHAM, Jeremy. *Introdução aos princípios da moral e da legislação*. São Paulo: Abril Cultura, 1984.

BERNS, Gregory. *O iconoclasta: um neurocientista revela como pensar diferente*. Rio de Janeiro: Best Business, 2009.

BIDERMAN, Maria Tereza C. *Dicionário de termos financeiros e bancários*. São Paulo: Disal, 2006.

BLOFELD, John. *I Ching: o livro das transmutações*. Rio de Janeiro: Record, 1968.

BOURDIEU, Pierre. *O poder simbólico*. 4ª ed. Rio de Janeiro: Bertrand Brasil, 2001.

BUFFETT, Warren. *O Tao de Warren Buffett*. São Paulo: Sextante, 2007.

CAVALCANTI, Bianor. *O gerente equalizador*. Rio de Janeiro: Editora Fundação Getulio Vargas, 2005.

CHEMAMA, Roland e VANDERMERSCH, Bernard. *Dicionário de psicanálise*. São Leopoldo: Unisinos, 2007.

COSTA, Ana Maria M. *A ficção do si mesmo: interpretação e ato em psicanálise*. Rio de Janeiro: Companhia de Freud, 1998.

COSTA, Jurandir F. *O risco de cada um: e outros ensaios de psicanálise e cultura*. Rio de Janeiro: Garamond, 2007.

COVEY, Sttephen R. *Os 7 hábitos das pessoas altamente eficazes*. 32ª ed. Rio de Janeiro: Best Seller, 2008.

DaMATTA, Roberto. *O que faz o Brasil, Brasil?* 12ª ed. Rio de Janeiro: Rocco, 2001.

150 Empreendedorismo: decolando para o futuro

DEJOURS, Christophe. *A banalização da injustiça social.* Rio de Janeiro: Editora Fundação Getulio Vargas, 1999.

DUFOUR, Dany-Robert. *O divino mercado: a revolução cultural liberal.* Rio de Janeiro: Companhia de Freud, 2008.

ELDER, Alexander. *Como se transformar em um operador e investidor de sucesso: entenda a psicologia do mercado financeiro, técnicas poderosas de negociação, gestão lucrativa de investimentos.* Rio de Janeiro: Campus/Elsevier, 2004.

FREUD, Sigmund. Arruinados pelo êxito. In *Edição Standard Brasileira as Obras Completas de Sigmund Freud.* Rio de Janeiro, Imago Editora, 1974, v. XIV.

_____. O eu e o id. In *Edição Standard Brasileira as Obras Completas de Sigmund Freud.* Rio de Janeiro: Imago Editora, 1974, v. XVI.

GATES, Bill. *A estrada do futuro.* São Paulo: Companhia das Letras, 1995.

GIANNETTI, Eduardo. *O valor do amanhã.* São Paulo: Companhia das Letras, 2005.

GODET, Mechel. *Creating Futures: Scenario-planning as a strategic management tool.* 2ª ed. Economica-Brookings, 2006.

GOLEMAN, Daniel. *Inteligência emocional.* Rio de Janeiro: Objetiva, 2001.

GREENSPAN, Alan. *A era da turbulência, aventuras em um novo mundo.* Rio de Janeiro: Campus/Elsevier, 2008.

GUNTHER, Max. *Os axiomas de Zurique.* 12ª ed. Rio de Janeiro: Record, 2004.

GUTERMAN, Jimmy. *Assumindo o controle do tempo.* Harvard Business School. Rio de Janeiro: Campus/Elsevier, 2007.

LEIDER, Richard J. A suprema tarefa da liderança: a autoliderança. In HESSELBEIN, Frances et al. *O líder do futuro: estratégias e práticas para uma nova era.* 2ª ed. São Paulo: Futura, 1996.

IZQUIERDO, Iván. *A arte de esquecer: cérebro, memória e esquecimento.* Rio de Janeiro: Vieira & Lent, 2004.

KAHNEMAN, Daniel. Wikipedia, a enciclopédia livre. Atualizada em 12.02.2011. acesso em 26.06.2011, disponível em http://en.wikipedia. org/wiki/Daniel_Kahneman.

KEVIN SPACEY WISE WORDS. 2008, visto em 10.05.2011, em: http:// www.youtube.com/watch?v=plUbZB7ieFs

KOTLER, Philip & KELLER, Kevin L. *Administração de marketing.* 12ª ed. São Paulo: Pearson Prentice Hall, 2006.

KUNDERA, Milan. *A imortalidade.* Rio de Janeiro: Editora Nova Fronteira, 1990.

LACAN, Jacques. *Outros escritos.* Rio de Janeiro: Jorge Zahar, 2003.

LE BON, Gustave. *Psicologia das multidões.* Lisboa: Delraux, 1980.

Referências 151

MCGAHAN, Anita. Com o vento a favor. *HSM Management*, Alphaville – SP, jan./fev./2008, n. 66, pp. 70-74.

MILL, John Stuart. *A lógica das ciências morais*. São Paulo: Iluminuras, 1999.

_____. *O utilitarismo*. São Paulo: Iluminuras, 2000.

MORIN, Edgar. *A cabeça bem-feita: repensar a reforma, reformar o pensamento*. Rio de Janeiro: Bertrand Brasil Ltda, 2004.

NUNES, Fabio. *Deus Thor e os caçadores de tornados*. Rio de Janeiro: Editora Litografia, 2011.

OSHO. *A flauta nos lábios de Deus: o significado oculto dos Evangelhos*. Campinas, São Paulo: Versus, 2010.

PAGEN, Dennis. *Understanding the sky: a sport pilot's guide to flying conditions*. United States of America, 1992.

PAGÉS, Max et al. *O poder das organizações*. São Paulo: Atlas, 1987.

PRAHALAD, C.K. e HAMEL, Gary. *Competindo pelo futuro: estratégias inovadoras para obter o controle do seu setor e criar os mercados de amanhã*. 23ª ed. Rio de Janeiro: Campus/Elsevier, 2005.

ROBBINS, Stephen P. *Comportamento organizacional*. São Paulo: Pearson Education do Brasil Ltda., 2002.

SANDRONI, Paulo. *Dicionário de economia do século XXI*. Rio de Janeiro: Record, 2005.

SARAMAGO, José. *Ensaio sobre a cegueira*. São Paulo: Companhia das Letras, 1995.

SCHUMPETER, Joseph. *Teoria do Desenvolvimento Econômico: uma investigação sobre juros, capital, lucros e ciclo econômico*. São Paulo: Nova Cultura, 1997.

SEBRAE. Fatores Condicionantes e Taxas de Mortalidade de Empresas no Brasil. Relatório de pesquisa. Brasília, 2004.

SILVA, Ozires. *Cartas a um jovem empreendedor: realize seu sonho, vale a pena*. Rio de Janeiro: Campus/Elsevier, 2005.

SLATER, Robert. *George Soros: definitivo: a história e as ideias de um dos mais influentes investidores do mundo*. Rio de Janeiro: Campus/Elsevier, 2010.

TEECE, D. J., PISANO, G. e SHUEN, A. *Firm capabilities, resources and the concept of strategy: four paradigms of strategic management*. University of California at Berkeley, 1990.

TICHY, Noel M. *Feitas para o sucesso: como grandes líderes ensinam suas empresas a vencer*. Rio de Janeiro: Campus, 2003.

TVERSKY, Amos. Wikipedia a enciclopédia livre. Atualizada em 23.12.2010. Acesso em 26.06.2011, disponível em: http://pt.wikipedia.org/wiki/Amos_Tversky

TOLOTTI, Márcia. *As armadilhas do consumo*. Rio de Janeiro: Campus/Elsevier, 2007.

USEEM, Michael. *A hora da verdade: a decisão certa no momento certo*. Rio de Janeiro: Campus/Elsevier, 2007.

WILDE, Gerald J.S. *O limite aceitável de risco: uma nova psicologia sobre segurança e saúde: o que funciona? o que não funciona? e por quê?* São Paulo: Casa do Psicólogo, 2005.

Este livro foi impresso nas oficinas gráficas da Editora Vozes Ltda.,
Rua Frei Luís, 100 – Petrópolis, RJ.